전설의 무희, **최승희**

김영희 · 김채원

목차
Contents

1 16세에
동경으로 떠나다

최승희(崔承喜). 그녀는 일제강점기 조선인으로서 현대무용을 가장 먼저 도입했으며, 조선의 전통춤을 무대화한 신무용으로 1938년부터 1940년까지 유럽과 북미, 남미 대륙을 거쳐 세계일주 공연을 하고, 1946년 월북하여 동양의 무용극과 북한춤을 완성한 20세기 한국이 낳은 세계적인 무용가이다.

최승희는 1911년 11월 24일 경성에서 태어났다. 그녀의 고향이 아버지의 고향인 홍천이라는 설도 있지만, 어린 시절 서울 수운동에서 성장했고 숙명여학교를 다녔다.

아버지는 최준현(崔濬鉉)이며, 어머니는 박용자(朴容子)였다. 아버지 최준현은 고종 때 진사에 합격했었고, 집에 한문서당을 설치하여 아이들을 가르쳤었다. 최승희는 사남매의 막내로 큰오빠 최승일(崔承一), 작은 오빠 최승오(崔承五), 언니 최영희(崔英喜)가 있었다. 해주 최씨 집안이었다. 어릴 때는 부유

했지만 한일합방 시기에 토지가 일본인에 넘어가면서 가세가 기울었고, 승희가 숙명여학교를 다닐 무렵에는 서울 종로구 체부동의 초가집에서 살았다.

큰오빠 최승일은 니혼대학 문과를 졸업하고, 박영희, 한설야, 이기영, 임화와 더불어 프롤레타리아 문학운동에 참여하여 프롤레타리아 소설도 발표하였다. 경성방송국에 근무하면서 주로 연예 분야를 담당하여 문화예술계에 널리 알려진 인물이었다. 작은 오빠 최승오는 경성사범학교를 졸업하고 경상북도 영천의 영천소학교에서 교사로 활동했다. 언니 영희는 진명여학교를 졸업하고 출가했었다.

오빠와 언니가 당시로써는 모두 최고의 인텔리였고, 최승희 역시 소학교인 숙명학교 보통과에서 월반할 정도로 총명했었다. 1922년 숙명여학교에 입학할 때는 겨우 열두 살이었는데, 음악적 재능을 알아본 김영환 음악선생이 최승희가 장학금을 받도록 해주었다. 성적도 우수하였고, 노래를 잘해서 학예회에는 단골로 출연했었고, 선생님은 졸업 후 음악학교에 가라고 권하기도 하였다.

1925년 3월에 숙명여자고등보통학교를 우수한 성적으로 졸업했지만, 열다섯의 나이가 오히려 걸림돌이었다. 숙명학교에서 동경음악학교에 유학생으로 보내려 했지만 나이 때문에 일 년을 기다려야 했고, 경성사범학교(京城師範學校)의 입

4

학시험에도 7등으로 합격했으나, 역시 나이가 어려서 입학이 허가되지 않았다.

낙심하고 있던 최승희에게 오빠 최승일은 『경성일보』에 실린 이시이 바쿠 무용단의 공연 소식과 이시이 바쿠 무용연구소의 연구생 모집 광고를 보고, 이시이 바쿠(石井漠, 1886~1962)의 공연을 보러 가자고 했다.

이시이 바쿠는 일본 신무용의 선구자로 1920년대 초반에 유럽의 모던댄스를 경험하고 귀국하여, 일본에서는 독창적이며 선구적으로 신무용을 선보이고 있었다. 일제는 만주와 조선에 일본세력과 함께 일본 문화의 영향권도 넓히기 위해 이시이 바쿠의 만주 공연과 조선 공연을 기획하게 했던 것이다. 오빠 승일은 일본 유학생 시절 그의 공연을 본 적이 있었고 명성도 알고 있었기에, 승희에게 그의 무용을 보자고 권했던 것이다. 승희가 무용을 배우면 훌륭한 예술가가 되리라 생각했다.

승희는 무용이란 춤이거니 생각하고 있었기에, 오빠에게 물었다.

"오빠, 무용이 무엇이요?"

"무용이란 춤이지. 그리고 예술이지. 사람이 가진 예술 중에 최고의 역사를 가진 예술이지."

승희는 오빠의 대답을 다 이해할 수는 없었지만, 존경하는 오빠를 따라 이시이 바쿠의 조선 공연을 보았다. 경성공회당(京城公會堂, 지금의 서울특별시의회)에 올려진 공연 프로그램은 〈금어(金魚)〉, 〈수인(囚人)〉, 〈백귀야행(百鬼夜行)〉, 〈양무(洋舞)의 환상(幻想)〉, 〈다우띤 댄스〉, 〈등산〉, 〈그로테스크〉, 〈아름답고 푸른 다뉴브강에 잠겨서〉, 〈식욕을 끈다〉 등이었다. 승희에게는 모든 무용 작품이 새로웠다.

그 중에서 이시이 바쿠가 춘 독무 〈수인〉에서 쇠사슬에 얽혀 무거운 걸음으로 무대를 한 발자국 한 발자국 밟다가, 굵은 쇠사슬을 끊고 하늘을 우러러 고개를 들고 두 팔을 들어 환희를 표현하며 거꾸러지는 모습을 보며, '아 저것은 그냥 춤이 아니라 무엇을 표현하는 것이로구나!' 라고 깨달았다.

열여섯 살 최승희의 일생에서 이시이 바쿠의 무용은 가장 깊은 인상을 남긴 것이다. 강렬하게 무용에 대한 열정이 솟아나면서, 승희는 "정말 나는 배워볼 터이에요."라 했다. 그래서 오빠와 잘 알고 있는 경성일보 학예부장 테라다 스미오(寺田壽夫)의 추천을 받아 이시이 바쿠와의 면담을 요청했다.

일단 이시이 바쿠의 허락을

이시이 바쿠의 〈수인(囚人)〉

받았으나, 부모님의 허락을 받아야 했다. 승일은 경성일보사의 테라다와 함께 이시이 바쿠는 일본의 유명한 예술가라는 사실을 2시간 동안 설명하여 드디어 아버지 어머니를 설득하는 데 성공했다. 부모의 허락을 받고 테라다의 보증에 힘입어 최승일과 이시이 바쿠는 최승희의 수업연한을 3년으로 하고, 의무연한을 1년으로 한다는 계약을 맺게 되었다.

드디어 1926년 4월 초, 승희는 산 넘고 바다 건너 가족들과 이별하고 멀고 먼 동경으로 향하기 위해 서울역 플랫폼에 섰다. 아버지와 오빠에게 인사를 하고 객차에 오르자, 기차는 기적 소리를 길게 내며 출발하였다.

그때 멀리서 승희야, 승희야 하는 외침이 들렸다. 집안이 어려워 막내딸을 기생으로 팔았다는 소문이 돌았을 뿐 아니라, 승희를 동경으로 보내면 안 된다는 숙명여학교 선생들의 말을 듣고 어머니가 달려온 것이다. 그러나 기차는 이미 출발한 터, 승희는 하염없이 눈물을 흘리며 창밖으로 손을 흔들었다. 그리고 마음먹었다. 반드시 무용가가 되어 돌아오리라.

이시이 바쿠에게 뉴 댄스를 배우며

대한해협을 건너 동경에 도착한 최승희에게는 모든 것이

새롭고 신기했다. 이시이 바쿠 무용연구소는 동경 변두리의 무사시사카이라는 곳에 있었다. 최승희는 연구소에서 사이 쇼오꼬라고 불렸고, 이시이와 그의 부인 이시이 야에꼬는 최승희를 각별히 보살펴주었다. 최승희는 열성을 다해 무용을 배우며 '조선사람으로는 아직껏 무용에 뜻을 둔 사람이 없다. 나는

이시이 바쿠 문하로 들어간 16살의 최승희

조선을 대표해서 향토의 전통과 풍습을 다시 살리게 하는 무용을 만들어내야겠다.'[1]고 다짐했다.

이시이 바쿠에게 모던 댄스를 배운지 석 달이 됐을 때 첫 무대의 기회가 왔다. 6월 22일 동경 방락좌(邦樂座)에서 열린 이시이 바쿠 무용단 공연에서 군무인 〈금붕어〉, 〈방황하는 혼의 무리〉와 독무인 〈습작〉, 〈그로테스크〉라는 작품에 출연하게 된 것이다.

그리고 다음 해 1927년 가을 이시이 바쿠 무용단은 두 번째 조선공연을 기획했다. 물론 최승희도 함께 참가했다. 『매일신보』 9월 29일자에 "향토에 돌아오는 새 무용가 최승희"라는 제목의 기사가 실렸고, 10월 14일 기사에는 "래 25, 26일 양일 경성공회당에서 조선이 낳은 신무용가 최승희 양 향토

방문공연. 숙명 출신의 꽃다운 처녀무용가 최승희 양의 힘과 열과 느낌의 무용시를 공회당에서 공연케 되었다. 여기에는 세계적인 무용가 이시이 남매도 동시 출연." 이라는 광고가 실렸다.

숙명 여학교는 최승희가 일본에 기생으로 팔려간 다는 소문이 돌자 졸업생 명단에서 제외했었지만, 어엿한 무용가가 되어 돌아온 그녀를 환영하기 위해 이

최승희의 데뷔작 〈세레나데〉

정숙 교장을 비롯하여 많은 동창생들은 단체로 극장에 입장하였다. 최승희는 이 공연에서 〈세레나데〉를 처음 추었다. 조선에서 신무용인 모던댄스를 최초로 추어 데뷔한 것이다. 〈세레나데〉는 일명 소야곡(小夜曲)으로, 검은 원피스에 단발 머리를 하고 앳된 모습으로 춤추었다. 조선의 관객들은 서양의 무용이 조선인을 통해 추어진 것에 큰 의미를 부여하였고, 최승희가 조선을 대표하는 무용가로 성장하기를 기대했다.

이시이 바쿠는 이 공연 후 최승희의 보증인 격이었던 테라

다 스미오에게 "최승희는 완전히 새로운 발견이었소. 매사에 현명하고 연습도 열심이에요. 필시 장래가 밝을 것이오."[2]라 면서 계약기간이 끝나기 전에 귀국하는 일이 생기지 않도록 해달라고 부탁했다. 한편 이 공연을 계기로, 이후 신무용가 로 성장한 조택원도 이시이 바쿠의 제자로 입문했다.

이 무렵 일본은 세계의 무용가들을 불러들여 공연케 하고 있었다. 1925, 26년에 데니숀 무용단[3]이 공연하였고, 1928년 에는 러시아 불세출의 발레리나였던 안나 파블로바의 제자 인 엘리아나 파블로바가 공연했으며, 1929년에는 스페인의 라 아르헨티나가 공연하였다.

즉 최승희가 이시이 바쿠의 문하에 있었던 시기에 당시 유 럽 무용계를 휩쓸던 무용가들이 동경에서 공연했던 것이다. 이들은 정통 발레나 모던댄스 뿐만이 아니라 오리엔탈리즘 에 입각한 다양한 이국 취향의 춤들도 일본에 소개하였다. 그래서 일본 무용계는 한동안 인도풍, 스페인풍, 러시아풍, 이집트풍의 춤들이 인기를 끌었었고,[4] 마리뷔그만의 독일식 표현주의 모던댄스도 이시이 바쿠에 의해 들어왔던 것이다. 이렇게 동경 무용계의 다양한 모습들을 어린 최승희는 모두 보면서 무용에 대한 안목을 넓혀나갔다.

다음 해 1928년 11월 6일에 이시이 바쿠 무용단은 세 번째 조선공연을 했다. 최승희에게는 두 번째 조선공연으로, 그녀에 대한 관심은 더욱 높아졌고, 또 무용단의 공연 광고에 앞세워지기도 했다. 동경으로 돌아간 후에는 일본의 홋카이도, 가라후도(사할린) 등의 순회공연도 참가했다.

사할린 공연에서는 한복을 입은 수십 명의 동포들이 찾아와서, 분장실로 들어와 최승희를 만나길 청했다. 최승희는 분장 중이었기 때문에 대신 조택원이 그들을 만났는데, 조택원이 조선 사람임을 확인한 후에야, 돈 십 원을 내놓으며 자신들이 모금한 돈이니 최승희에게 전달해달라고 했다.[5] 조국을 떠나 지배국에 외롭게 살던 일본의 동포들은 최승희의 이름을 이미 알고 있었고, 그녀의 춤을 보고 위안을 받았던 것이다.

그런데 최승희가 3년의 계약 기간이 끝날 무렵 이시이 바쿠 무용단이 위기에 처하게 되었다. 이시이가 영화출연 중에 강한 조명을 쏘인 것 때문에 실명될 수도 있다는 것이었다. 또한 스승의 오랜 제자였던 이시이 고나미가 독립하겠다며 무용단에서 탈퇴하였다. 이시이 바쿠 무용단의 악화된 재정난으로 월급을 받지 못했기 때문이다.

최승희는 스승의 실명 치료가 언제 끝날지 기약이 없고, 아무런 활동을 기대할 수도 없었다. 이러한 상황에서 무용단에 남을 것인가 떠날 것인가를 고민하는데, 이시이 바쿠는 최승희에게 무용단을 나가지 말 것을 권유했다. 그러나 가슴 속에서 싹트는 무용 창작에 대한 욕망과 함께 계약기간도 끝났기 때문에 최승희는 스승 이시이 바쿠를 뒤로하고 8월에 귀국하였다.

첫 무용연구소 설립과 5회의 신작 발표회

경성으로 돌아올 때 러시아 유학의 제안이 있었으나, 이는 무산되었고, 최승희는 무용연구소를 개설했다. 마침 일본인 독지가가 남산 기슭의 빈집을 조건 없이 대여해주어 '최승희 무용예술연구소'라 간판을 걸고, 각 신문에는 연구생 모집광고를 냈다. 광고에는 무용에 뜻을 둔 사람이면 누구나 받아들이고, 공연 수당이 지급되며, 지방에서 오는 사람은 합숙을 시켜준다는 조건을 붙였다.

열다섯 명 정도의 연구생들이 들어왔고, 최승희는 이듬해 봄의 첫 번째 무용발표회를 위해 이들을 열심히 가르쳤다. 오빠 최승일은 무용발표회 전에 경험 삼아 공연을 해보자고 하여 찬영회(讚映會) 주최로 조선극장에서 12월 5일부터 7일까지 열린 '무용 연극 영화의 밤'에 찬조출연하기도 했다.

드디어 최승희의 처녀 발표회가 1930년 2월 1, 2일에 경성 공회당에서 열렸다. 음악 반주는 바이올린에 최은이, 피아노는 이광준이, 무대조명은 다카시마 오로시로가 맡았다.

물론 최승희 혼자 안무뿐만 아니라 음악, 의상, 조명 등을 결정하는 연출의 역할도 했다. 3부로 나뉘어 올려진 춤들은 〈금혼식(金婚式)의 무도(舞蹈)〉, 〈인도인(印度人)의 비애(悲哀)〉, 〈양기(陽氣)의 용자(踊子)〉, 〈희롱(戱弄)〉, 〈애(愛)의 용(踊)〉, 〈오리엔탈〉, 〈애수(哀愁)의 을녀(乙女)〉, 〈모던풍경〉(재즈), 〈해방을 구하는 사람〉, 〈영산무(靈山舞)〉, 〈마주르카〉, 〈적막한 왈츠〉였다.

객석을 가득 채운 각계 인사들과 경성 시민들은 최승희의 새로운 춤들이 올려질 때마다 우레와 같은 박수를 쳤다. 약관의 나이에 서양춤을 배워 조선에 처음 무용의 씨를 뿌리는 최승희에게 아낌없는 격려를 주었던 것이다. 그러나 갓 3년 남짓 이시이 바쿠에게 배운 서양춤을 자신의 춤으로 소화하기는 아직 어려웠고, 스승의 그늘을 벗어날 수 없었다.

그렇지만 공연의 완성도가 부족했어도, 최승희의 새로운 무용을 보기 위해 전국에서 초청공연이 이어졌다. 조선일보 후원으로 신춘 자선음악무용회, 경성일보 부산지사 초청공연, 고학생을 돕는 자선공연, 호서기자동맹 동구지부 주최의 수해구제 자선공연 등등에 초청되었고, 10월에는 동아일보 후원으로 2회 창작무용발표회를 열었다. 춘천공회당에서 열린 춘천공연 때는 경성으로부터 명성이 자자했던 최승희의 춤을 보기 위해 춘천시민들이 구름같이 모여들었다. 이미 만원이었는데도, 극장에 입장하지 못한 관객들이 문을 차고 창문을 열어 뛰어드는 판이었으니, 춘천의 기마경찰이 출동하여 일대를 정리하는 소동이 벌어지기도 했다. 이어서 11월 14일에 장곡천정 공회당에서 '경성여자고학생 상조회 동정 최승희 공연'을 열었고, 다음 해 1월 10일부터 12일까지 최승희 3회 발표회를 올렸다.

이렇게 1년간 3회의 정기발표회에서 최승희 초기 작품들의 경향을 볼 수 있는데, 당시 서양춤의 여러 경향들이 혼재되어 있었다. 우선 스승 이시이 바쿠가 유럽에서 배워 온 표현주의적 모던 댄스 계열의 춤들로, 〈방랑인의 설움〉, 〈인도인의 비애〉, 〈그들은 태양을 찾는다〉, 〈광상곡〉, 〈애수(哀愁)의 을녀(乙女)〉, 〈해방을 구하는 사람〉, 〈영혼의 절규〉, 〈인조인간〉 등을 들 수 있다. 그러나 산업주의의 폐해로 인한 현대인의 고뇌나 도시적 인간군상이 두드러지기보다는 역사적 억압이나

최승희의 〈광상곡〉 (1931)

자연적 재해와 결부된 모던댄스들을 보여주었다.

이사도라 던컨 계열의 〈금혼식의 무도〉나 〈적막한 왈츠〉
도 추었다. 〈적막한 왈츠〉는 고대 로마 옷인 튜닉(tunic)을 입
고 맨발로 추는 춤이다. 이시이 바쿠가 표현주의적 모던댄스
이전에 달크로즈의 리드믹이나 이사도라 던컨의 뉴댄스의
영향을 받았었기 때문에 최승희의 작품 중에는 이러한 계열
의 춤도 추었던 것이다.

또한 오리엔탈리즘의 작품도 다수 보여주었다. 〈오리엔
탈〉, 〈스파닛쉬(스페인) 댄스〉, 〈남양(南洋)의 정경(情景)〉, 〈집
시의 무리〉, 〈이집트 풍경〉, 〈서반아소녀의 무도〉, 〈마주르
카〉, 〈인도인의 연가〉 등이 그러하다. 이러한 춤들의 배경은
당시 일본 무용계의 풍토를 반영한 것이었다. 일본은 세계
각지의 춤들을 다 끌어들였고, 이 춤들을 유행처럼 추었는데,

최승희의 〈스파니쉬 댄스〉[6]

이 시기에 최승희도 다양한 경향의 춤을 보여주었던 것이다. 최승희의 춤이 미숙하긴 했지만, 이러한 경향들은 사실 세계 무용의 흐름에서 크게 벗어난 것이 아니었다.

그리고 빠질 수 없는 춤으로 조선춤을 개작한 작품들도 선보였다. 조선아악으로 춘 〈장춘불노지곡(長春不老之曲)〉, 조선 정악으로 춘 〈정토(淨土)의 무희(舞姬)〉, 〈영산무(靈山舞)〉, 〈향토무용〉은 서양춤을 추는 와중에도, 최승희가 조선춤에 대한 기본적인 관심이 있었음을 보여주고 있다.

안막과 결혼

언제나 무용연구소는 경제적으로 어려웠다. 공연 준비뿐만이 아니라 연구생들의 숙식도 일일이 신경을 써야 했기 때문이다. 또 스승으로부터 독립했지만, 아직 배울 것이 많은 그녀에게 경성에는 그녀를 예술적으로 자극하고 지도해줄 지원자가 없었다. 최승희의 성장을 가장 가까이서 보았던 오빠 최승일은 무용가로 성장하는데 동생을 외조할 수 있는 사람을 찾았다. 최승일은 친구 박영희와 이를 의논했더니, 같은 카프(KAPF) 회원이었던 안막을 소개했다.

안막(安漠)은 예명이고, 그의 본명은 안필승(安弼承)이다. 제2고등보통학교(현재 경복고등학교) 5학년 때 대한독립만세를 불렀다가 퇴학당했는데, 독학으로 와세다대학에 입학하여 러시아 문학을 공부하고 있었고, 최승일과 함께 프롤레타리아 문학회의 동인이었다. 박영희의 서재에서 최승일과 함께 최승희와 안막이 처음 만났을 때, 안막은 무대에서 춤추는 최승희를 이미 보았던 터라, 문학뿐만이 아니라 무용에 대한 이야기도 함께 나누었다.

젊은 지성인이었던 두 사람은 사랑을 싹 틔웠고, 가족들만 모인 자리에서 1931년 5월 9일에 조촐하게 결혼식을 올렸다. 신혼여행은 함경도 설봉산에 있는 석왕사로 갔다. 최승희와 안막의 결혼은 단순한 결혼이 아니었다. 최승희 춤의 조언자로서 매니저로서 안막은 큰 역할을 하게 되었고, 세계적인 무용가가 될 수 있는 든든한 후원자를 얻게 된 것이다.

안막과 결혼 후 최승희는 무용연구소를 서빙고로 옮기고 다음 발표를 준비했다. 1931년 9월의 신작 중에는 프롤레타리아 문예사상의 영향을 받은 춤들이 올려졌다. 민족의식을 고취하고 일제와의 투쟁을 간접적으로 표현한 춤들이었다. 〈건설자〉, 〈그들의 행진〉, 〈미래는 청년의 것이다〉, 〈여직공〉, 〈自由人의 춤〉, 〈흙을 그리워하는 무리〉 등이 그러한 춤들이었는데, 이 춤들은 한국무용의 역사상 사회주의 이념을 표현한 최초의 무용 작품이었다. 하지만 모던댄스의 불모의 땅에서 처음 창작된 춤이었기 때문일까, 예술성이 부족하여 주먹춤이라는 별칭을 얻고 말았다.

그리고 1932년 봄에 5회 최승희 신작발표회를 단성사에서 열었고, 다양한 스타일의 춤을 추었다. 한 기자는 최승희의 공연에 대해, '혹은 그윽한 애수로 관중의 가슴을 조리게 하며, 혹은 속삭이는 로맨쓰의 쓰고도 달콤한 맛으로 마음을 근즐니게 하며, 혹은 쾌활하고 익살구진 춤으로 사람을 웃기며 완전히 관중의 온 정신을 캣취하여 이리저리 마음대로 끌고 다니며 여지없이 매혹하였었다.'[7]라 했다. 최승희 춤의 다양한 매력에 관객들은 꼼짝 못했던 것이다.

이렇게 조선에 귀국한 후 3년 동안 최승희는 열정을 다해 5회의 신작발표회와 전국 순회공연을 했지만, 예술적 갈증은 더해만 갔다. 무용에 대한 인식이 부족해서 무용가를 기생으로 다루며 금전으로 유혹하려는 부자도 있었고, 또 남편 안막이 카프(KAFP)사건[8]으로 일본 경찰에 투옥된 후 정치적 압박과 매스컴의 횡포까지 받는 상황이었다. 최승희는 당시 여건으로는 조선에 새로운 무용의 뿌리를 내리기가 어렵다는 것을 절감하고 있었다. 그 때 스승 이시이 바쿠가 자신의 무용단을 이끌고 6월에 경성공연을 한다는 소식을 접했다. 슬럼프에 빠져 있던 최승희는 스승 곁에서 다시 공부해야겠다는 생각이 떠올랐다.

최승희는 안막과 함께 이시이 바쿠가 묵고 있는 호텔로 가

〈그들의 행진〉 (1931)

서 간절히 다시 받아달라고 부탁했다. 하지만 안막은 즉답을 하지 않고 동경으로 돌아가 답하겠다고 했다. 스승이 동경으로 돌아간 후 최승희는 딸 승자(勝子)를 낳았다. 딸 승자는 후에 안성희라는 이름으로 북한에서 최승희 춤의 후계자가 된다.

최승희는 앉아서 스승의 답을 기다릴 수만은 없었다. 7년 전과는 다른 각오로 동경으로 떠나기로 마음먹었다. 승자가 조금 자란 이듬해 1933년 3월에 딸 승자를 안고 제자 김민자와 함께 동경을 향해 경성을 출발했다. 아직 찬 바람이 부는 3월이었고, 그녀의 나이 23살이었다.

2 최승희 신무용의 성립

    동경에 도착한 최승희는 먼저 이시이 바쿠를 찾아가 사죄했다. 4년 전 이시이 바쿠의 연구소를 떠난 것이 계약상 문제는 없었지만, 와병 중인 스승을 내버려두고 떠난 것에 도의적으로 죄책감이 들었고, 이시이 바쿠 또한 매우 서운했었기 때문이다. 그래도 이시이 바쿠는 최승희의 재입문을 허락하지 않았고, 최승희 부부는 시간이 닿는 대로 이시이 바쿠 무용연구소를 방문하여 사죄하였다.

    그러던 중 『영녀계(令女界)』가 주최하는 '근대여류무용대회'에 최승희가 참가하게 되었는데, 1933년 5월 20일 일본청년관에서 모던댄스인 〈희망을 안고〉와 조선춤인 〈에헤야 노아라〉를 발표했다. 〈희망을 안고〉는 김민자와 더불어 듀엣으로 춘 춤이고, 〈에헤야 노아라〉는 조선춤을 개작한 춤이었다. 바지저고리에 두루마기를 입고, 갓을 귀엽게 쓰고 환하게 웃으며 위트 있는 몸짓으로 춤추는 최승희에 대해 일본 무용 평론

계는 "무서운 신인이 나타났다."고 하였다. 조선의 정조가 물씬 풍기고, 좋은 체격의 미모의 춤꾼이었기 때문이다.

이렇게 최승희가 관심을 받고 그의 스승에 대한 궁금증이 높아가자, 이시이 바쿠는 최승희의 재입문을 허락했다. 그러나 조건이 있었다. 자신이 허락할 때까지 최승희는 어떠한 일이 있어도 맘대로 이곳을 떠나지 말 것을 약속하라고 했다. 최승희는 감사의 말과 함께 스승의 가르침을 따르겠다고 다짐했다. 드디어 스승의 품으로 돌아가 춤에 대한 갈증을 풀 수 있게 된 것이다. 그리고 다음 날 아침부터 저녁까지 연구소에서 쉬지 않고 연습과 연구가 이어졌다. 그 해 10월에 올린 이시이 바쿠 무용단 공연에서 최승희는 〈신세계〉라는 작품에 참가하였다.

이시이 바쿠는 예전부터 최승희에게

최승희의 〈에헤야 노아라〉

21

조선의 춤을 고민하고 추라고 조언했었다. 이에 대해 최승희는 "나의 춤은 기생들의 춤과는 다르다. 내가 지향하는 춤은 조선 사람들의 마음을 표현하는 것이다. 기생춤을 추고자 하는 것이 아니라 새로운 춤을 추고 싶다."고 했었다. 그러나 이시이 바쿠가 독일 체제 후, 모던댄스로 일본의 춤, 일본인의 심정을 표현해야 한다고 했듯이, 조선 출신인 최승희에게 조선의 춤을 추어보라고 권유했었던 것인데, 미성숙한 최승희는 이 말을 이해하지 못했던 것이다. 기생들의 춤에 대한 이해도 없으려니와, 자신이 앞으로 출 춤에 대한 생각도 피상적이었던 것이다.

그러나 3년간 경성에서의 활동 경험을 바탕으로 조선춤에 대한 고민을 시작했으니, 〈에헤야 노아라〉는 이를 시험한 첫 작품이었다. 이 춤에 동경의 예술가와 지식인들이 높은 관심을 보이자, 최승희는 조선춤을 무대화하는 작업을 구체적으로 고민하게 되었다. 마침 판소리 고수의 일인자이자 조선춤의 대가였던 한성준(韓成俊, 1875~1941)이 판소리 음반 녹음을 위해 동경에 갔을 때, 최승희는 보름간 한성준에게 조선춤을 배웠고, 조선춤의 기법과 우아함, 역사성 등을 깨닫게 되었다.

동경에서 최승희는 이시이 바쿠의 문하에 있었지만, 스승의 허락하에 자신의 이름으로 1934년 9월 20일에 1회 무용발표회를 청년회관에서 열었다. 전날 밤부터 비구름이 끼기 시작하더니, 발표회 날에는 하루종일 거센 비바람이 몰아쳤다. 최승희와 안막은 극장이 관객들로 채워질지 불안하기 짝이 없었다. 드디어 공연 시간이 다가와 무대막을 살짝 엿보았더니, 객석이 거의 차고 있는 것이 아닌가. 초대석에는 일본의 유명한 예술가들과 신문 잡지사의 기자들이 자리하였다. 최승희는 가슴이 벅차오르며 이번 공연이 자신의 예술 운명을 결정지을 것이라 생각하며 간절한 마음으로 혼신을 다해 춤추었다.

프로그램은 모던댄스와 조선춤을 개작한 춤으로 구성했다. 전자의 춤들은 〈거친 들판을 가다〉, 〈폐허의 흔적〉, 〈단념〉, 〈습작A〉, 〈습작B〉, 〈위기의 세계〉, 〈바르다의 여자〉, 〈희망을 안고〉, 〈생명의 춤〉, 〈로맨스〉였고, 후자의 춤들은 〈마을의 풍작〉, 〈풍년이 오면〉, 〈승무〉, 〈검무〉와 〈에헤라 노아라〉였다.

동경 관객들의 반응은 뜨거웠다. 평론가 소노지 고고는 "최 여사는 우수한 육체의 소유자다. 이것은 무용가로서 특히 행복스러운 일이다. 내가 본 조선춤은 〈검무〉와 〈에헤야 노아라〉가 인상적이었다. … 바라건대 최 여사는 어떠한 기회든지 붙잡아서 조선에도 이러한 우수한 민족 무용이 있다는 것을 세상에 알려 주었으면 한다."[9]라 했다.

이렇게 주목을 받기 시작하자 각계에서 공연 요청이 들어왔고, 이시이 바쿠 무용단에서는 중요한 배역을 맡게 되었다. 그런데 1935년 봄 언론의 실수로 다

이시이 바쿠 무용단의 공연 팸플릿에 실린 최승희

시 사제지간에 문제가 발생하고 말았으니, 신흥영화사에서 최승희를 주연으로 하는 무용영화를 만들자는 교섭이 들어왔는데, 여러 가지 조건을 의논하는 중에 요미우리 신문에 이 일이 먼저 기사화된 것이다. 스승인 이시이 바쿠는 무용단원인 최승희가 자신과 의논하지 않고 일을 진행한 것을 문제 삼았다. 나중에 주변인들의 설명으로 오해는 풀렸지만, 이 일로 최승희는 이시이 바쿠의 문하를 떠나게 되었다. 이시이 바쿠가 최승희의 독립을 독려했던 것이다.

무용가로 우뚝 서다

최승희는 독자적인 활동을 본격적으로 하기 위해 후원회를 조직하였다. 최승희와 안막은 최승희의 춤에 호의적인 예

술가, 학자, 언론인, 정치인들을 찾아가 최승희에 대한 후원을 호소하면서, 그 사이 일본 전국 각지의 초청공연과 순회공연을 해나갔다. 또한 신흥영화사가 제안했던 영화도 촬영했으니, 자신을 아끼는 가이쪼샤의 야마모도 사장의 강력한 권고와 무용 영화라는 점에서 출연을 결심했다. 영화 제목은 〈반도의 무희〉. 최승희의 자전적 이야기를 영화화한 것으로, 대본구성과 감독을 이마 히데우미가 맡았다.

영화의 줄거리는 무용가가 되기를 지망한 백성희라는 소녀가 부모의 반대를 무릅쓰고 애인을 찾아 상경했는데, 유명한 무용가에게 발굴되어 무용가로 성장하나 스승의 죽음을 모르고 화려한 데뷔무대에서 춤춘다는 내용이다. 물론 백성희 역은 최승희가 맡았다. 영화 〈반도의 무희〉는 최승희가 너무 부각되어 영화적 완성은 실패했지만, 그럼에도 불구하고 최승희의 인기 덕에 영화는 4년 동안 상영되었다.

이시이 바쿠 무용단에서 독립한 최승희는 2회 신작발표회를 그 해 10월 20일에 올렸다. 극장도 일본 청년회관이 아닌 히비야공회당으로 옮겼으니, 신진무용가에서 중견으로 도약하는 계기로 삼았다. 이 공연[10]의 16가지 춤 중에서 〈왕의 춤〉, 〈조선풍의 듀엣〉, 〈가면의 춤〉, 〈승무〉, 〈세가지 코리안 멜로디 - 영산조 진양조 민요조〉가 조선춤을 근거로 개작하거나 창작한 춤이었다. 일본의 소설가 무라야마 토모요시(村

山 知義)는 최승희의 춤에 대해

　나는 그녀의 춤에서, 일본 무용의 멍에에서 자유로운, 게다
가 먼 옛날, 대륙예술을 그 반도에서 키워 이 섬나라에 전파해
준, 모든 예술의 결정체로 연결되는 무용을 보았다. 생기 없
는 형태로 기생에게 전파된 춤을 보고 우리들은 이렇게 감동
을 받지 못한다. 최승희는 그녀의 육체적 재능과 오랜 기간 근
대무용의 기본적 훈련으로, 낡은 조선의 무용을 되살려 냈다.
이것이야말로 뛰어난 예술가의 특전이고, 어려운 말로 하자면
'유산의 비판적 섭취'일 것이다.[11]

　라고 평하였다. 일본 예술가들은 이루지 못했지만, 전통시
대 춤의 무대화를 이룩한 최승희의 예술적 성취를 예찬한 것
이다. 일본인에게는 최승희의 춤들이 춤 자체로 매력적이었
고, 조선 정취를 흠뻑 갖고 있었던 점도 부러웠다.

최승희 신무용의 성립

　드디어 1936년 봄에 최승희는 조선에 금의환향하였다. 경
성에서는 환영과 더불어 공연이 기다리고 있었다. 경성부민
관에서 4월 3, 4일에 열화와 같은 성원 속에 최승희 무용발표

회가 개최되었다. 프로그램은 조선춤을 모던댄스의 기법으로 재구성하고 안무한 춤이 주를 이루었다. 당시 평론가인 오병년(吳炳年)은 최승희 춤의 기법과 연출방식을 간파하고 최승희 춤의 특징을 설명하였다. "그는 조선 고전무용의 기법을 사용하고 거기에다 양무의 기법을 편용함으로써 의상은 조선풍의 것을 채용하고 있지만, 그 창작적 태도나 연출에는 서양적인 형태를 취한 것이다. 다시 말하면 조선춤 그대로가 아니라 소위 새로운 무용 형식을 창안한 것이라 할 것이

최승희의 〈검무〉

다."[12] 바로 최승희의 신무용이 성립된 것이다.

일제강점기 근대화과정에서, 조선의 전통 예술은 신(新)문화로 변화하였다. 신체시, 신소설, 신민요, 신극 등이 일어났듯이, 최승희의 춤들은 조선의 춤을 모던댄스의 기법으로 다시 춘 신무용이었다. 특히 최승희의 신무용은 화사하고 명랑하며, 특징적인 마임과 포즈가 있고, 여성성이 두드러졌다. 최승희의 이러한 신무용은 동시대 조택원의 사색적인 신무용과 비교될 수 있으며, 이 신무용은 다음 세대 무용가들에게 이어져 1970년대까지 한국의 무용계를 풍미하게 된다. 〈부채춤〉, 〈장고춤〉, 〈화관무〉 등이 신무용 계통의 춤들이다.

최승희는 유명한 무용가가 되었다. 사람들은 그의 춤을 보기 위해 사경을 돌파해서 극장에 들어가는가 하면, 들어가서는 그 능청스러운 포즈에 정신을 잃고 바보가 되어 버린다고 했다.[13] 〈반도의 무희〉도 조선에서 상영되었다. 또 최승희를 등장시킨 광고가 줄을 이었고, 패션모델로도 활약했다. 급기야 그녀의 브로마이드가 담긴 우편엽서도 만들어졌다. 최승희는 예술가이면서 대중적 연인이 된 것이다.

신무용 작품에 대한 개념이 고조되면서, 최승희는 조선춤에 더욱 관심을 쏟았고, 아이디어들을 떠올렸다. 조선의 궁중무, 탈춤, 농악, 기생의 춤뿐만이 아니라 조선춤의 인물들, 조선춤의 이야기들, 조선춤의 리듬, 그리고 조선의 그림, 벽

숙명여학교를 방문한 최승희(앞줄 가운데)

화, 설화 등이 모두 창작의 모티브가 되었다. 9월 22일부터 24일까지 히비야공회당에서 올린 3회 신작발표회에서도 조선풍의 춤으로 〈무녀의 춤〉, 〈아리랑 스토리〉, 〈신라의 벽화에서〉, 〈가면에 의한 트리오〉, 〈마을의 군무〉라는 신작을 내놓았다. 〈아리랑 스토리〉는 조선 민요에 맞춘 곡이다.

최승희는 다시 경성으로 돌아왔다. 세계 순회공연을 준비하고, 숙명여자전문학교 창립을 위한 기금 모금 공연을 하기 위해서였다. 숙명여학교는 최승희가 장학금을 받고 다녔던 모교였기 때문에 남달리 애착을 갖고 있었으므로, 흔쾌히 공연을 준비했다. 숙녀회가 주최하고 매일신보사와 숙명여학교가 후원한 공연은 3월 30일에 경성 부민관에서 대성황을 이루었다. 이어서 탄선재에 기거하고 있던 순종황후 윤대비를 위해 인정전 서행각에 가설무대를 꾸미고 조선풍의 춤들로 윤대비를 위로하였다.

잇따라 조선에서 도구(渡歐) 고별공연이 시작되었다. 개성, 사리원, 연안, 수원에서 공연하였고, 4월에 잡지사 『조광(朝光)』 주최로 최승희, 최승일, 모윤숙, 이선희, 정찬영이 모여 '최승희도구기념좌담회'가 열렸다. 이때 최승희는 자신의 각오를 "이번에 조선 각지를 순회하며 조선 고대의 춤과 각지의 민속과 정서를 연구하여 이것을 가지고 레퍼토리를 준비한 후 출발하려 합니다. 구미에 가면 조선 것과 일본의 춤을 소개하려 합니다. 필경은 조선 춤을 더 많이 소개하겠지요." 라고 말했다. 세계 순회공연을 준비하며 조선의 춤을 더욱 수집할 것이며, 세계에 나가서는 조선의 춤들을 소개하겠다는 것이다. 조선인으로서 자존심, 조선의 예술에 대한 자긍심을 보여주겠다는 것이다.

그렇게 조선에서 도구고별공연을 하고 동경으로 돌아간 최승희는 9월 27일부터 사흘 동안 동경극장에서 특별공연을 했다. 또 12월 5일에 히비야공회당에서 도미고별공연을 했다. 딸 승자를 친정어머니와 제자인 김민자에게 맡기고 12월 19일 아침 안막, 반주자 하야시와 함께 요코하마에서 미국행 배에 올라탔다. 드디어 조선의 춤을 품에 안고 태평양을 건너 세계의 무용을 향해 나아간 것이다.

3 3년간의 세계 일주 공연

최승희는 미국 대사관의 소개로 바킨스라는 홍행사를 소개받았다. 그는 중국의 메이란팡을 미국에 소개했던 사람이었다. 첫 무대는 1938년 2월 초 샌프란시코 카란 극장에서 이루어졌고, 다음은 로스엔젤레스에서 공연했다.

공연은 어느 정도 성공적이었고, 최승희의 공연에 대해 『로스엔젤레스 헤럴드 앤드 익스프레스』는 "그 춤은 정교하고 의상이 화려하다. 동양의 낭만적인 춤에서 전쟁춤에 이르기까지 있어 다양하며 저마다 높은 수준을 가지고 있다. 선풍적인 인기를 끈 것은 가면을 쓰고 하는 코믹한 유랑패의 춤과 〈천하대장군〉이었다. 최승희의 공연은 이 시즌에서 가장 두드러진 사건이었다."[14]고 평가했다. 첫걸음이 나쁘지는 않았다.

다음 뉴욕 공연은 2월 19일 길드 극장에서 20일에 필드 극장에서 열리기로 했었다. 그런데 최승희가 일본에서 온 무용가이며, 일본을 선전하는 무용가라는 오해가 생기며 배일시위가 벌어지는 바람에 최승희의 공연이 취소되었다. 이 사건은 당시 미국 교포사회의 상황과 관련이 있었다. 미국에는 만주에서 독립운동을 하다가 망명한 이들이 있었는데, 최승희가 일본대사관 주선으로 왔기 때문에 배일적 인물로 여겼던 것이다. 그래서 최승희의 공연을 계기로 반일적 여론을 미국사회에 만들려고 했던 것이다. 최승희는 일본을 통하지 않으면 아무 일도 할 수 없는 신세가 한탄스러웠고, 또한 나라 없는 식민지 예술가의 서러움을 뼈저리게 느꼈다.

그러던 중 엔비시라는 흥행회사가 가을시즌에 뉴욕에서 공연하자고 제의하면서 다시 뉴욕공연이 이루어졌다. 하지만 공연 흥행의 결과는 썩 좋지 않았다. 아직 최승희와 그녀의 춤이 충분히 알려지지 않은 상태였기 때문이다. 최승희는 빨리 유럽으로 건너가 자신의 춤을 인정받아야겠다고 생각했다.

유럽에서 최승희 공연을 기획할 흥행사는 파리에 있는 오가니제이션 아티스틱 인터내셔널이었다. 최승희는 유럽에서 새롭게 시작한다는 마음을 먹고 자신을 '코리안 댄서'라 하고, 한자로는 '崔承喜', 영어로는 '사이 쇼오키(Sai Shoki)'로 홍보하게 했다. 공연 레퍼토리는 거의 조선춤을 재안무하거나 조선의 민속이나 설화 등을 모티브로 한 춤들이었고, 반주 음악도 양악기나 레코드가 아니라 조선에서 불러온 조선악사들에게 맡겼다.

유럽에서 최승희의 첫 번째 무대는 1939년 1월 31일에 파리 상프레지엘 극장에서 열렸다. 객석 2,700 규모의 극장이었다. 조선에서 처음 온 무용가 공연에 이 극장이 채워질 수 있을까. 최승희와 안막은 흥행사의 기획능력을 믿고 개막을 준비했다. 무대 막이 오르자 객석은 꽉 차있었고, 최승희의 프로그램이 진행될 때마다 앙코르가 터져 나왔다.

프로그램은 〈비취 피리의 멜로디〉(궁중음악), 〈보상〉, 〈신라의 궁녀〉, 〈고대의 춤〉, 〈고구려 벽화〉, 〈불교의 요부〉, 〈에헤야 노아라〉, 〈용왕의 희생〉, 〈백학〉, 〈꼬마신랑〉, 〈감옥에 갇힌 춘향〉, 〈기생춤〉, 〈가을걷이춤〉, 〈아리랑〉, 〈농촌소녀〉, 〈시골소년〉, 〈한량〉, 〈서울의 점쟁이〉, 〈검무〉, 〈조선의 유랑패거리〉, 〈동양의 리듬〉, 〈부처에 대한 기도〉, 〈천하대장군〉, 〈고구려의 전쟁무〉, 〈왕의 춤〉이었다. 그들은 동양의 끝에서 온 조선의 춤에 흠뻑 빠져들기 시작했다. 〈신라의 벽화〉에서는 유연하고 신비로우며, 〈검무〉에서는 무사의 용맹함을, 〈초립동〉에서는 조선의 밝고 코믹한 춤을 보았다.

최승희가 파리 공연에서 성공하자, 벨기에, 네덜란드, 독일, 이탈리아 등지에서 공연 요청이 들어왔다. 2월 초에 벨기에를 시작으로 2월 26일에는 프랑스 남단의 칸에서, 3월 1일에는 마르세유에서, 3월 중순에는 스위스의 제네바 로잔에서, 3월 말에는 이탈리아에서 공연했다. 독일에서는 전쟁 때문에 남부 독일의 도시에서만 공연했다. 어딜 가나 최승희의 춤은 강한 인상을 남겼고, 동양에서 온 낯설고 이국적이며 아름다운 춤에 큰 관심을 불러일으켰다.

유럽인들은 최승희의 〈보살춤〉을 매우 신비롭게 보았으니, 4월 중순에 네덜란드 암스테르담에서 있었던 공연에 대한 기사 중에 〈보살춤〉의 리뷰가 실렸다.

얼핏 보기에 전혀 표정이 없는 것 같지만 이상하게도 변화되는 얼굴의 아름다움, 그리고 수시로 변하는 손짓, 리드미컬한 음악의 반주, 그이가 표출해내는 조각적이고 색채적인 아름다움―최승희 춤은 이처럼 독창적이면서도 매혹적이어서 위대한 인상을 준다. 바로 이것이 네덜란드 관객들의 최고 눈길과 관심을 끌었다.[15)]

〈보살춤〉은 불교에서 구도자인 보살이 반라의 의상을 입고 한 지점에 서서 추는 춤이다. 시선을 내리고, 손가락을 맞댄 동작으로 천천히 움직이며 이 포즈에서 저 포즈로 옮기는 동작이나, 여운을 남기며 그리는 팔사위의 춤은 유럽인들에게 전혀 색다르고 신비하게 느껴졌다. 드디어 유럽인들은 동방 코리아에서 온 무희 최승희를 세계적 무용가로 주목하기 시작했다. 스페인의 라 아르헨티나(La Argentina, 1890~1936)나 인도의 우다이 샹카(Uday Shankar)에 비유하며 이국적 취향의 세계정상의 무희로 인정하였다.

다음 공연은 6월 15일 파리 국립극장인 떼아뜨르 샤리요에서 기획되었다. 이 극장은 유럽에서 제일 큰 극장이었고, 유

최승희의 〈보살춤〉

럽의 무용가들이 자신의 명성을 확인하기 위해 앞다투어 공연하는 곳이었다. 삼천 석의 관객들은 최승희의 춤에 젖어들었다. 객석에는 화가인 피카소, 마티스, 시인 장 콕도, 소설가 로망 롤랑 등이 관람했고, 이 공연으로 최승희의 이름은 파리에서 확실하게 각인되었다. 브뤼셀에서 개최된 제2회 세계무용경연대회에서는 라반(Lavan, R.), 뷔그만(Wigman, M.), 리파르(Lifar, S.) 등과 나란히 심사위원이 되기도 하였다. 가을 시즌에는 유럽의 다른 지역에서 9월 15일부터 공연하기로 했다.

그러나 2차 세계대전이 일어나면서 유럽에서의 공연은 중단되지 않을 수 없었다. 최승희는 프랑스를 떠나 미국으로 향했다. 유럽에서의 성공을 발판으로 당당하게 미국 땅을 다시 밟은 것이다. 흥행사인 메트로폴리탄의 간절한 제안을 받아들여, 가을 시즌에는 미국 순회공연을 했다.

미국 공연에서 가장 의미 있었던 공연은 세인트 제임스 극장에서 열린 '홀리데이 댄스 페스티벌'이었다. 미국의 최고 무용단과 함께 공연했기 때문이다. 12월 28일부터 31일까지 뉴욕시티발레단의 전신인 아메리카 발레카라반, 마사 그레이엄 무용단과 함께 최승희도 공연했다. 당시 뉴욕에서 발레단으로서 최고 수준이었던 아메리카 발레카라반과, 모던댄스의 가장 첨단에 있었던 마사 그레이엄 무용단과 함께 공연한다는 것은 최승희의 춤을 당시 외국 무용단으로는 최고로 인정한 것이었다.

1940년 3월 마지막 날에 LA에서 공연 후 최승희는 중남미 순회를 계획했다. 중남미에는 유럽 공연을 예정했던 예술가들이 세계대전을 피해서 속속 공연을 진행하고 있었으니, 몬테카를로 무용단이나, 쿠르트 요스 발레단, 사하로프 무용단이 이미 공연했었다. 중남미에서 첫 공연은 5월 27일에 브라질 리우데자네이루에서 올려졌다. 미닝시파르 극장은 2천 명 객석 규모의 극장이었다. 이어서 6월에는 우루과이의 소리스 극장, 아르헨티나의 포리디야마 극장, 8월에는 페루의 미닝시파르 극장, 칠레의 콜롬비아 극장, 11월에는 멕시코의 베라 아티이스 극장에서 공연했다.

최승희는 멕시코 공연을 마지막으로 세계순회공연을 마치고 샌프란시스코를 거쳐 귀국길에 올랐다. 그녀는 태평양의 망망대해를 바라보며 4년간의 여정을 돌아보았다. 처음 미국에서 제대로 평가받지 못하고 정치적 사건에 휘말렸지만, 유럽에서는 코리안 댄서로서 센세이션을 일으켰고, 최승희라는 무용가와 조선춤의 아름다움을 충분히 알리고 인정받았다. 최승희는 배 위에서 드넓은 태평양을 바라보며 '동양 발레'를 떠올렸다. 3년 전 조선춤을 안고 세상을 향해 출항했던 최승희는 이제는 세계의 춤을 품고 고국으로 돌아온 것이다. 요코하마항에는 꿈에도 그리던 딸 승자와 제자 김민자와 고

마운 스승 이시이 바쿠가 기다리고 있었다.

동양 발레의 건설을 위해

일본으로 돌아가는 길에 최승희는 미국에서 반일운동을 했다는 소문과 유럽 공연 때 코리안 댄서라고 한 일 때문에 불안했다. 이에 안막은 미국대사관에 가서 엄중히 밝혔고, 경시청도 크게 문제 삼지 않았다. 그런데 최승희의 명성이 높아질수록 일본 군부의 최승희에 대한 관심과 감시가 높아졌다.

더욱이 남편 안막이 과거 프롤레타리아 문학운동을 했기에 그녀가 공산주의자와 연결됐다는 소문이 돌았었다. 일본이 중일전쟁을 진행하며 대동아공영권 수립에 매진하고 있었기 때문에, 최승희는 일본과 중국, 미국의 정세를 판단하며 정치적 입장을 표명하지 않을 수 없었다. 일본 궁성과 메이지 신궁, 야스쿠니 신사를 참배하고, 일본 일간지들과 잡지 등의 인터뷰에서도 일본을 지지하는 발언을 할 수밖에 없었다.

한편 최승희의 예술적 고민은 계속되었다. 『삼천리』 1941년 1월호에 실린 「최승희 무사히 돌아왔습니다.」에서 "세계 순회공연에서 호평을 받았고 춤으로 호평을 받은 것은 동양적인 것들이었다. 비평가들 중엔 서양춤을 추는 것을 좋아하지 않고 동양의 문화, 동양의 색채와 같은 냄새를 띤 동양춤을 추었으면 좋겠다는 주의를 주는 사람도 있었다. … 대개 무용가들이 구미 공연을 하고 돌아오면 서양춤을 유입해 오는 것이 보통인데, 나는 그 반대로 동양춤을 수입해 왔다."고 했다. 이는 최승희보다 한 해 먼저 유럽을 외유했던 조택원의 소감과 유사했다. 조선사람이 서양춤을 잘 추어도 서양인보다 잘할 수 없으며, 조선인의 피 속에 흐르는 조선의 춤과 리듬을 추어야 한다고 깨달았던 것이다.

그런데 최승희는 조선춤에서 더 나아가 동양발레를 건설해야 한다는 꿈을 갖고 돌아왔다. 그래서 동양의 무용가들이 서양의 춤을 연구하여 그 장점을 배우는 것도 중요하지만, 그보다는 동양적인 새로운 무용 예술의 건설에 노력하는 것이 더 중요하다고 생각했다. 우리 조선 민족의 소박한 풍속이나 향토 무용 속에 많은 무용자료가 있다고 생각했던 것이다. 또 이러한 예술적 자료가 일본이나 몽고, 그리고 중국의 무용에도 있으니 이처럼 위대한 동양무용을 세계적인 무용으로 키워나가고 싶었다.[16] 그리고 이에 대한 자신감도 가득했다. "백 년 전에는 보잘것없던 러시아 발레가 오늘날 세계 무용사를 만든 것처럼, 우리들에 의하여 서양 무용이 남긴 무용사보다도 좀 더 뛰어난 '새로운 세계의 무용사'를 이룰 날을 나

는 기다리고 있습니다."[17]라고
했다.

다카라츠카극장에서 세계의 무희
최승희 신작무용공연

최승희는 우선 2월 22일부터
25일까지 가부키좌에서 '귀일
신작무용공연'을 열었다. 1, 2
부에서 조선춤 열세 종목을 추
었는데, 반주는 조선에서 온 박
성옥, 신충식, 김창식, 유수남,
이병한이 맡았고, 조명은 오마
사부로가 담당했다. 그런데 가
부키좌 공연 후 일본경시청의 호출이 있었으니, 앞으로 공연
할 때는 일본춤과 조선춤을 반반씩 구성하라는 것이었다.

일본 경시청의 요구도 있었지만, 최승희는 동양발레 건설
을 위해 일본과 중국의 춤에 관심을 갖기 시작한 터라, 우선
일본의 전통연희인 노오(能)부터 배웠다. 그래서 노오를 소재
로 〈무혼〉을 만들고, 일본 신사에서 본 부가쿠(舞樂)를 소재
로 〈신전의 춤〉을 만들었다. 그리고 이러한 작품들을 11월
28일부터 30일까지 동경 다카라츠카(寶塚) 극장에서 공연했
으니, 일본춤을 소재로 한 춤에 대해 논란이 있었지만, 최승
희의 춤이 훨씬 섬세해지고 세련되어졌다는 평이 나왔다. 또
"많은 무용가들이 고래적 의상과 근대적 동작의 이질성을 해

결하지 못해 실패한 수가 많았는데 최는 일본 아악조의 춤을 조선적 수법을 부가해 새로운 무용으로 성공시키고 있다."[18] 라는 평가를 받았다.

최승희는 이 공연 후 동양발레단의 구상에 들어갔다. 동양 무용을 소재로 하여, 동양수법과 근대양식으로 동양문화를 대표할 순수 동양발레를 시도하겠다는 야심찬 계획이었다. 그런데 12월 7일 태평양전쟁이 시작되며 전시체제에 따라 국민총동원령이 내려졌다. 모든 공연은 허가를 받아야 하고 정책 홍보 무용도 추어야 했으니, 다른 예술가들과 마찬가지로 황군 위문 공연에 참여하지 않으면 안 되었다. 세계적인 무용가였던 그녀에게 일본군부가 더욱 주목했기 때문이다. 동양발레단 구성에 대한 계획이 당장은 무산됐지만, 최승희는 중국에 일본군 위문 공연을 하며 중국문화와 무용을 심층적으로 연구하기로 마음먹었다.

중국으로 가는 길에 우선 경성에서 1942년 2월 16일부터 20일까지 귀국공연을 했다. 사실은 조선군사보급회 주최로 열린 공연이었고, 수입의 일부는 군자금으로 전달되어야 했다. 12종목 중에 조선춤을 소재로 한 춤이 〈화랑의 춤〉, 〈세 가지 리듬〉, 〈화립의 춤〉, 〈칠석의 밤〉, 〈초립동〉이었고, 일본춤을 소재로 한 춤은 〈신전의 무〉, 〈추심〉, 〈칠석춤〉, 〈무혼(武魂)〉이었다. 그리고 인도춤을 소재로 한 〈인도의 춤〉이 있었고, 〈동양적 리듬〉이라는 춤도 추었다. 조선 관객들은 오랜만의 최승희 공연에 열광했다. 곧바로 최승희는 군산, 이리, 전주, 순천, 여수, 광주, 목포, 대전, 청주, 천안, 예산, 안성, 수원, 춘천, 평양, 강릉 등을 순회공연했다. 조선군 보도부와 국민총력조선연맹 후원으로 진행된 전시체제에 따른 공연이었다.

그리고 최승희의 만주공연이 6월부터 시작되었다. 만주의 조선 동포들은 최승희의 춤을 보고 눈물 흘리며 위안받았다. 그들은 최승희의 춤을 오랫동안 기억했을 것이다. 만주에서 일반 공연이 끝나자, 일본군 위문공연이 이어졌다. 그런데 다카시마 유사부로에 의하면, 최승희가 일본군 위문 공연을 갔지만, 군이 기대한 것과 같은 전의를 고양시키는 무용은 추지 않았다고 한다. 군인들에게 견우직녀의 칠월 칠석을 춤추어, 병사들은 고향을 생각하며 모두 울었다고 한다.[19] 그렇게 두 달간의 만주 지역과 중국 화북지방의 위문공연이 끝나고, 최승희는 북경을 향했다.

전시체제에서 북경과 동경을 오가며

북경은 최승희가 동양발레를 건설하고자 마음먹으면서부터 선망하던 곳이었다. 북경에서 공연만 할 것이 아니라, 유

물과 유적들도 살펴보고 중국의 춤도 관찰할 계획을 세웠다.
최승희는 북경에서 공연 후, 천진, 청도, 태원, 대동 등지에서
도 중국 관객을 상대로 공연하면서 공연 후 벌어진 환영회에
는 중국의 예술가들과 중국의 무용 이야기뿐만이 아니라 동
양발레에 대한 구상도 설명하였다.

그리고 다시 동경으로 돌아와 12월 6일부터 22일까지 역
사적인 장기공연을 했다. 동경제국극장에서 17일간 24회 공
연을 했으니, 솔로 무용가가 무용공연을 17일간 한다는 것은
세계무용 사상 초유의 기획이고, 역사적인 기록이다. 최승희
는 신작 15작품과 발표된 22작품으로 네 가지 유형의 프로그
램을 구성했으니, 관객들은 표를 사기 위해서 극장 주변을 세
바퀴나 돌아야 할 만큼 인기가 높았다. 마지막 네 번째 유형
의 공연에서는 연구회 성격의 워크숍을 준비했다. 이런 방식
을 취한 이유는 무용 창작의 이론적 탐구와 기본 무용동작의
체계화, 그리고 이를 기초로 하여 창작된 무용작품을 무용가
들이나 애호가들에게 제시하여 서로의 연구과제로 삼기 위
해서였다.[20]

조선교포들 뿐만 아니라 일본의 예술가, 작가, 학자, 언론
인 등의 지식인들도 크게 호응하였고, 최승희와 안막은 이들
을 '최승희 춤 동호회'로 조직했다. 안정적이고 장기적인 팬
클럽을 만든 것이다. 전시상황이었음에도 불구하고 1943년

8월 8일에는 이 동호회가 주최가 되어 최승희 무용관상회를 제국극장에서 개최하기도 했다. 미국과의 전쟁이 불리해지고 정국이 불안한 상황에서도 최승희 무용에 대한 열기는 식지 않았던 것이다.

최승희는 무용 관상회가 끝나고 제자인 하리다 요오코, 이석예, 장추화, 김백봉과 악사 등을 합쳐 14명을 이끌고 이번에는 상해 공연을 위해 떠났다. 일본 정부에는 일본군 위문공연을 한다는 조건을 달고 공연이 허락되었다. 일행은 요녕성의 단동, 봉천, 대련, 경림, 신경, 하얼빈, 치치할, 가목사, 목단강, 도문 등지에서 공연하였다. 최승희는 돈을 받고 위문공연을 했는데, 안막이 밤에 살짝 들어와 그 돈을 어디론가 가져갔다고 했다. 훗날 소문에 의하면 그 돈을 연안에 있는 독립동맹으로 가져갔다는 것이다. 안막이 일제 말에 연안으로 들어갔다는 사실과 어떤 연관이 있어 보인다.

일본군 위문공연 후에, 최승희는 19일부터 26일까지 상해 공연을 추진했다. 중국의 중부지방 공연은 처음이었지만, 화징신문과 화쯔신문은 '동양이 낳은 세계적 무용가 상해에 왔다' 라는 제목으로 대서특필했고, 공연에는 메이란팡(梅蘭芳)을 비롯한 경극계의 일류 배우들인 마롄량(馬連良), 상 샤오윈(尙小雲), 꺼이 후이성이 큰 관심을 갖고 최승희를 방문하여 중국 춤에 대한 의견을 나누었다.

상 샤오원은 최승희에게 "당신의 무용은 사람들에게 정지된 속에 움직임이 있음을 알게 하고 순수함 속에서 풍부한 것을 감동하게 합니다. 무대에서 단 한 사람이 춤추고 있지만, 사람들에게는 몇십 명이 춤추는 것과 같은 느낌을 줍니다."[21]라고 말했다. 특히 메이란팡은 최승희의 동양발레 건설의 의지에 감동받았고, 중국의 전통춤을 무대화한 것에 감탄하였다.

상해 공연 후 남경과 청진, 청도, 북경에서 공연하고, 12월에야 동경으로 돌아갔다. 최승희는 다음 해 1944년 1월 27일부터 2월 15일까지 제국극장에서 또 한 번의 장기공연을 하면서, 이 기간 동안 제국극장의 화랑에서는 '최승희 무용화(舞踊畵) 감상회'도 개최하였다. 최승희의 춤추는 모습을 그린 그림들을 전시한 것이었다. 그런데 1944년 제국극장에서의 공연은 결국 일본에서의 마지막 공연이 되었다.

그리고 최승희는 경성으로 돌아왔다. 장추화, 김백봉, 이석예, 김백초, 김미화 등의 조선 무용수들과 악사들도 조선사람으로 구성했다. 최승희 공연은 일본 부인회 조선지부가 주최하고 조선군 보도부, 조선총독부 정보과 후원으로 5월 2일부터 7일까지 부민관에서 열렸다. 이어 지방순회공연도 계속되었다.

다시 동경으로 돌아왔을 때 일본의 예술가들은 전쟁의 사기를 일으키는 예술활동을 하도록 강요받는 상황이었다. 최승희 역시 세계적인 무희였기 때문에 군부의 요구는 더욱 강하고 구체적이었다. 장고춤을 출 때 기모노를 입고 추라던가, 일본 군인의 선전영화에 주역을 맡아 달라는 것이었다.

최승희와 안막은 세계정세를 어느 정도 읽고 있었고, 일본 군부의 터무니 없는 요구가 계속될 것이라 예감이 들자, 동경을 떠나야 한다는 생각에 이르렀다. 그래서 3차 중국 위문공연과 북경에 무용연구를 위한 연구소를 개설하겠다는 계획을 군부에 요청하였다. 다행히 요청은 받아들여졌으나, 조건이 있었다. 군함행진곡이나 우미 유카바와 같은 군가에 맞춰 춤을 춰야 한다는 것이었다.

최승희는 일본군을 위문한다는 명분을 내세워 일단 일본을 떠나왔다. 자신을 키워준 이시이 바쿠와 자신의 춤에 환호했던 일본 팬들을 두고 현해탄을 건넌 것이다. 딸 승자는 재동국민학교에 편입시키고, 제자인 김백봉과 시동생 안제승의 혼인도 시급히 치루었다. 김백봉은 평안남도 초리면에서 태어났고 본명은 충실이다. 평양사범부속소학교, 평양여자실업학교를 다니다 최승희의 춤을 보고 동경의 최승희 무용연구소에 입소했던 것이다. 이곳에서 최승희에게 춤을 배우며 쇼인고등여학교를 다녔고, 해방 후 북한에서 최승희의 수제자로 활동하다가 한국전쟁이 터지면서 월남하였다.

그렇게 일본을 탈출한 최승희는 1945년 2월 25일에 몽골의 후생회관과 대동극장에서 최승희 무용공연을 하기도 하면서 주로 북경에서 생활했다. 최승희동방무도연구소의 간판을 걸고 제자이며 동서인 김백봉과 함께 중국인 연구생들에게 조선춤과 중국춤을 가르쳤다.

북경에 있는 동안 메이란팡과 가졌던 대화에서 최승희는 전통과 신무용에 대해 다음과 같이 말했다. "저의 무용은 동방 품격의 것이지요. 그러나 완전히 옛사람들의 전해 내려온 것대로는 아니지요. 전 그대로 옮기는 건 반대합니다. 어떤 사람들은 새로운 창조란 옛 전통을 파괴하는 것이라고 보는데, 전 반대로 전통의 정당한 발전이 곧바로 새로운 창조라고 봅니다. 지난날 우리 조상들의 예술창조가 보존되어 오늘의 예술전통이 되고, 마찬가지로 오늘 우리 예술가들의 새로운 창조가 곧 후세 자손들에게 전통이 되지요."[22] 최승희는 자신의 신무용에서 전통과 창조가 상반되는 것이 아님을 피력했다. 그녀는 중국의 경극이나 곤극 같은 것을 배우면서 중국춤의 체계와 구성을 정비하였다. 그리고 1945년 6월에 아들 병건을 출산하였다.

일본에 떨어진 히로시마 원자폭탄은 일본의 전세를 완전히 제압했고, 일본은 8월 15일에 결국 패배를 인정하였다. 최승희는 중국에서 조선의 해방을 맞이하였다.

4 새로운
민족무용극 창조를 꿈꾸며

평양에 무용연구소 개설

1945년 8월 15일 제2차 세계대전은 종말을 짓고 일본의 식민지였던 조선은 식민지배에서 해방되었다. 그러나 해방의 기쁨도 잠시, 조선반도는 미국과 소련에 의해 자신의 의지와는 상관없이 북위 38도선을 경계로 남과 북으로 갈라졌고, 많은 예술인들로 하여금 남과 북 어느 쪽인가를 선택하게 함으로써 한국예술사에 큰 변화가 일어나게 되었다.

제2차 세계대전이 끝나갈 무렵 중국에 있던 최승희는 해방을 맞은 경성으로 돌아왔다. 그러나 경성은 그녀를 친일분자라는 이유로 따뜻이 맞아주지 않았을 뿐 아니라, "식민지시대에는 친일을 하더니 이제는 아메리카문화가 들어오니까 서양발레를 한다고 손가락질"[23]을 하였다. 결국 경성에서 무용활동을 펼치지 못한 채 좌절하고 있던 그녀는 이미 38도선 이북에 넘어가 있던 남편의 뒤를 따라 7월 20일 밤, 인천항에서 배를 타고 제자들[24]과 월북을 결행했다.

평양에 도착한 최승희는 경성과는 달리 대대적으로 환영을 받았다. 그 배경에는 북쪽에 남아있는 예술인이 거의 없었기 때문에 이들을 월북시키기 위한 김일성과 소련의 책략이 진행되고 있던 상황이었으므로, 세계적으로 명성을 떨친 최승희의 월북은 김일성으로 하여금 무조건적인 후원을 하도록 하기에 충분했기 때문이다.

최승희 활동은 김일성과 조선노동당, 그리고 당시 조선문화예술동맹의 부위원장으로 있던 남편 안막의 지원으로 1946년 9월에 지금의 평양 옥류관 자리에 무용연구소를 설립하는 것으로 시작되었다. 석 달에 한 번씩 신문의 광고와 학교모집요강 등을 통해 연구생을 모집했고, 3년의 연수기간 동안 성적이 우수한 경우엔 국가의 장학금을 지원받게 했다. 사회주의 국가체제 아래서 최승희 개인의 무용연구소는 특별한 대우를 받으면서 대대적인 활동을 벌일 수 있었다.

무용연구소를 개설하자마자 그 해에 2회에 걸친 발표회를 가졌고, 이듬해인 1947년 2월에는 연구소 제1기 졸업생들의 공연에 직접 출연하는 열정을 보여주기도 했다. 이때 선보인 졸업작품은 〈지장보살〉, 〈천하대장군〉, 〈아리랑〉, 〈초립동〉

등 최승희가 즐겨 추었던 레퍼토리들이었다. 1947년 6월에는 체코슬로바키아의 수도 프라하에서 열린 제1회 세계청년학생축전에 파견되는 무용단을 인솔했으며, 딸 안성희와 함께 출연하기도 했다.

코리안 발레 창작을 꿈꾸며

최승희는 무용교육자로서 제자를 양성하는 한편, 새로운 형식의 '코리안 발레' 작품을 창작하기 위해 노력했다. '코리안 발레'는 최승희가 이전부터 꿈꾸던 '동양발레' 또는 '민족적인 무용극'을 의미하는 것으로, 1930년대 후반 세계 순회 공연 중에 유럽의 고전발레 작품들을 보고 꿈꾸기 시작한 것이었다.

'코리안 발레'의 꿈은 1948년 10월에 〈반야월성곡〉을 발표하면서 시작되었다. 이 작품에 앞서 1948년 6월에 모란봉극장에서 있던 남북연석회의 경축행사에 참가하여 무용시 〈해방의 노래〉로 해방된 민족의 기쁨을 표현했다. 최승희가 김일성에게 바친 헌무로 유명한 〈해방의 노래〉는 3부 구성의 작품이다. 1부는 고대조선을 형상화했고, 2부는 일본 제국주의 침략시기를 배경으로 조선인들의 비참한 모습을 그렸으며, 3부는 소련군대에 의해 해방된 조선인민의 즐거움을 표현한 것이다.

그리고 그녀가 처음으로 시도한 민족무용극 〈반야월성
곡〉은 봉건시대를 배경으로 민중의 반봉건투쟁을 표현한 것
으로, 그녀의 독특한 움직임과 율동, 민족음악 반주로 형상화
하여 새로운 경지를 연 작품으로 평가되었다.

〈반야월성곡〉의 성공적인 무대화를 위해 최승희는 당시
국립음악대학의 학장이자 노동당 문화부장으로 일하고 있던
남편 안막에게 무용극을 위한 전통악기 개량을 부탁했다. 조
선의 전통악기 그대로는 음량과 음폭이 낮아 대형무대에 어
울리지 않았기 때문이다. 최승희의 요구로 국립음악대학 교
수진이 중심이 되어 전통악기가 개량되었고, 이로써 발레극
에서와 같이 오케스트라 형식을 춤공연에 도입할 수 있게 된

〈반야월성곡〉 공연

것이다.[25] 이러한 음악이나 의상에서의 창안은 춤의 총체적 예술성을 높이고 효율적인 전승방법을 통해 무용예술의 체계화와 대중화에 기여했다고[26] 평가되었다.

이후 12월의 북경아시아부녀대표회의에 조선을 대표하는 여성위원 자격으로 조선예술단을 인솔하여 참여하는 한편, 중국의 북경, 상해, 천진, 남경 등에서 순회공연을 하고, 귀국 길에는 함경도지방을 순회공연하였다.

다음 해 3월에는 조선노동당 문예총 산하 무용동맹중앙위원회 위원장에 취임하여 북한의 무용예술을 주도해 나갔다. 그리고 6월 7일 방소예술단을 이끌고 모스크바, 레닌그라드, 우크라이나 등지를 돌며 조선무용과 조선음악을 알리는 공연활동을 펼치던 중, 한국전쟁 발발의 소식을 전해 듣고 서둘러 귀국하였다.

한국전쟁은 코리안 발레, 즉 민족무용극 창조에 날개를 달기 시작했던 최승희의 창작작업을 일정 기간 보류하게 만들었다. 왜냐하면, 전쟁으로 인해 문화예술인들이 조선인민군 위문공연에 나섰고, 대형무용극보다는 기동성을 살린 소품 위주의 창작이 선호되었기 때문이었다. 더욱이 9월이 되어 평양의 무용연구소가 폭격으로 폐쇄되자 더 이상 평양에서 무용활동이나 창작활동을 펼칠 수 없게 된 것이다.

북경에서 최승희무도반 활동

전쟁으로 국내활동이 어려워지자 1950년 11월에 북경으로 건너간 최승희는 다음 해 3월에 중국 저우언라이(周恩來) 총리의 지원으로 중국중앙희극원(극장예술대학)에 '최승희무도반'을 개설하여 무용인재 육성과 창작활동을 계속하게 된다. 전쟁 중에도 근거지를 북경으로 옮겨 무용활동을 계속할 수 있던 데는 김일성의 주선이 있었으며, 마침 저우언라이가 흔쾌히 최승희를 받아줄 것을 약속했기 때문에 가능했던 것이다. 북경에서의 무용교육은 〈입춤〉으로 명명한 조선무용 기본과 창작법, 발레, 신흥무용, 남방춤, 리드믹 훈련, 민간무용, 그리고 중국고전무용으로 구성되었다.[27]

한족과 조선족, 몽골 출신 등 다양한 소수민족의 제자들을 2개월 정도 지도한 후, 5월 17일부터 한 달간에 걸쳐 학교전용극장 소진창에서 무도반 학생들의 무용공연을 진행했고, 이후 7월까지 북경 청년예술회관과 장안극장에서 최승희는 자신의 무용공연을 펼쳤다.

또한 최승희는 실기와 함께 이론화 작업도 소홀히 하지 않았다. 북경에서 여러 민족들을 가르치면서, 『조선무용기본동작』 1권과 2권을 출간하였다. 이 책은 중국 조선족 무용의 토대가 되었으며, 그 기본동작의 세분화와 체계화는 중국무용계에 커다란 영향을 끼쳤다.[28] 최승희무도반은 직업적인 춤 인재를 양성하기 위해 철저하게 교육시킴으로써 한족 및 조선족 제자 200여 명의 인재를 양성했다.[29]

이처럼 중국 소수민족 출신의 제자들을 가르치는 한편, 메이란팡과 함께 경극의 기본기술을 정리하고 텍스트로 작성하는 일에도 협력[30]하면서 중국의 고전무용과 조선의 민간무용을 연구·정리하여 교육과 실천으로 구현해 나갔다.[31]

사실 중국의 희곡을 토대로 이론을 정립하기 위한 작업은 월북 이전부터 있었기 때문에 북경에 재입성했을 때 빠른 결과를 내놓을 수 있었다. 최승희는 『인민일보』에 게재한 글에서 중국의 희곡예술에는 춤의 소재가 풍부하므로, 희곡에서 독립된 중국무용을 창조해야 한다고 주장했다.[32] 이러한

중앙희극학원 최승희무도연구반 전체교직원과 학생 합동기념촬영

이론을 토대로 중국춤을 정리하여 무도반 제자들에게 가르쳤고 「중국희극무용의 기본동작」을 발표하는 성과를 내놓았다.

전쟁이 한창이던 시기에 최승희는 북경과 상해를 비롯한 중국의 대도시 순회공연을 통해 조선의 무용을 소개하는 활동도 멈추지 않았다. 중국에서 발표한 작품은 전쟁을 소재로 한 장편무용극 〈유격대의 아들〉과 소품인 〈조선의 어머니〉, 무용조곡 〈평화의 노래〉 등이 있으며, 중국의 생활을 소재로 하거나 조선의 생활과 민속을 소재로 창작한 작품, 그리고 한국전쟁을 소재로 창작한 작품들이 주를 이루었다.

뿐만 아니라 최승희는 조선과 중국을 오가며 전선위문공연도 펼쳤다. 이때는 기동성 있는 소품 위주의 작품으로 〈목동과 처녀〉, 〈전선의 밤〉, 〈거친 파도를 헤치고〉, 〈여성빨치산〉, 〈후방의 아침〉, 〈참패한 천하장군〉, 〈승리의 노래〉 등을 공연했다. 주로 인민군의 사기를 북돋우거나 조선에 대한 향수를 그린 작품들로 구성하였다.

1952년 11월이 되자 중국 측에서는 2년의 계약이 만료되었다는 이유로 최승희가 평양으로 돌아갈 것을 요구했다. 전쟁터에 아무것도 남아있지 않은 평양으로 매서운 한파가 시작되는 겨울, 최승희는 북경을 뒤로하고 조선인민군 위문공연을 병행하면서 귀국길에 나섰다.

5 사회주의 국가가 자랑하는 조선예술가로

사회주의 국가 순회공연

평양으로의 귀국에 앞서 1951년 8월에 개최된 동베를린 제3차 세계청년학생축전에 조선을 대표하는 무용가로 안성희와 함께 참가하여 〈조선의 어머니〉로 '세계평화상'을 수상했다. 그리고 무용조곡 〈평화의 노래〉를 통해 평화를 원하는 세계 모든 사람들의 마음을 세계 각국의 무용으로 엮어 표현했는데, 이 작품에는 신인무용가들이 참여했다. 외국의 무용을 처음 접했음에도 불구하고 높은 수준의 실력으로 완숙하게 처리해냄으로써 대인기를 끌었다.

최승희는 평양에서 왕성한 활동을 재개하는 가운데 소련, 독일, 불가리아, 루마니아, 체코슬로바키아 등 동구 여러 나라를 순회하며 조선을 알리는 활동을 지속했고, 이러한 활동을 인정받아 12월에는 북한의 국기훈장 제2급을 받았다.

최승희가 1953년 평양에 돌아온 것을 계기로 최승희무용연구소는 국립으로 승격되었다. 사회주의 국가에서 국립은 기관의 국유화를 의미하지만, 최승희의 권력이 건재했기 때문에 특별대우를 받았던 것이다. 3월이 되어 안성희가 모스크바로 유학길에 오르고, 바로 7월에 루마니아에서 개최된 세계청년학생축전에 참가하여 〈맹서〉와 〈아침〉을 발표했다.

사실 최승희가 연구소의 제자들과 음악인들로 구성된 조선예술단을 이끌고 해외공연에 나섰던 첫 출발은 1948년 12월 중국 북경공연이었다. 작품은 〈해방의 노래〉, 〈무극(舞劇)〉, 〈반야월성곡〉, 〈검무〉, 〈석굴암의 벽조〉, 〈장단과 춤〉,

〈화관무〉 소련공연

〈장고춤〉, 〈승무〉, 〈초립동〉, 〈봄노래〉, 〈무조(舞調)〉, 〈부채춤〉, 〈풍랑을 뚫고〉, 〈천하대장군〉 등으로 해방 이전에 발표한 작품들이 주로 구성되었다. 중국공연을 환호 속에 마치고 귀국한 최승희는 1950년 6월 방소예술단을 이끌고 순회공연을 진행했었다.

전쟁이 한창이던 1951년 8월 말에서 11월 말까지 동구 순회공연에 안기옥 등의 음악가를 포함한 조선예술단을 인솔하여 다시 나섰다. 10월 23일부터 한 달간은 소련에 머물면서 모스크바와 레닌그라드 등지에서 20회에 달하는 공연을 강행했다. 10월 28일 모스크바 스탈린자동차공장 문화궁전에서 춤과 음악으로 구성된 대음악회를 개최했을 때는 마지막 공연작품을 안성희가 창작한 〈해방된 땅〉으로 장식하여 관중을 열광시켰었다.[33]

소련공연에서 발표한 작품은 최승희 독무의 〈폭풍을 헤치고〉와 안성희 독무의 〈해방된 나라〉와 〈조국을 지키는 여인(장검무)〉, 그리고 모녀가 함께 출연한 〈조선의 어머니〉, 그 외에 〈칼춤〉, 〈북춤〉, 〈젊은이〉, 〈거꾸러진 천하대장군〉[34] 등이었다.

〈조선의 어머니〉는 한국전쟁 중에 방소예술단의 일원으로 남한 공연을 간 딸 안성희가 전쟁 통에 죽었다는 오보(안성희는 구사일생으로 돌아옴)로 인해 만들어진 최승희의 작품이다.

〈조선의 어머니〉에서 최승희

천재무용가로 알려진 안성희의 전사소식을 접했던 일이 있
고 난 후 만들어진 작품이라 아이를 잃고 복수를 부르짖는 어
머니의 심정을 생생하게 표현할 수 있었던 것이다. 1부는 최
승희가 표현하고, 2부에서는 싸우는 조선의 어머니 역할을
안성희가 연기함으로써, 최승희를 잇는 조선의 무희로 그 이
름을 동구세계에 각인시켰다.

민족무용극 창작의 기틀 마련

최승희는 무용연구소가 국립으로 승격되고 그해 8월 14일에는 인민배우 칭호를 수여받았다. 이를 계기로 최고의 예술가가 된 최승희는 한동안 보류했던 장막무용극 창작에 본격적으로 돌입하였다. 1954년 3월에 발표한 무용극 〈사도성의 이야기〉가 국내외에서 호평을 받은 첫 장막무용극이다.

이 작품은 신라시대 왜적의 침략에 맞서 싸운 농민들의 투쟁을 그린 작품으로, 숭고한 애국심과 민족적 정서, 그리고 높은 예술성을 보여줘 당시 북한무용계뿐 아니라 세계의 무용계에도 커다란 파문을 일으켰다. 당시 이 작품을 본 일본 『매일 썬데이』의 기자는 "그녀의 무용에서 보여지는 격렬한 정열과 슬픔은 당연히 정복당한 민족으로서 그녀의 속 깊숙이에 숨겨진 조국 조선에 대한 열렬한 애정의 표현이 아닐 수 없다는 것을 절실히 실감했다."[35]고 기술하고 있다.

전쟁 중에 지하에 건설된 모란봉극장 신축기념 공연에서 발표한 〈사도성의 이야기〉는 소련, 체코슬로바키아, 루마니아, 불가리아, 알바니아 등 동구권에서도 공연되었는데, 당시 오직 발레의 언어로서만 가능한 것으로 인식되었던 무용극 창조에 대한 세계의 기존관념을 깨뜨리고 민족적인 무용언어로도 무용극 창조의 가능성을 증명한 하나의 일대 사건이었다. 세계의 호평만이 아니라 1956년에 북한 최초의 컬러영화로 조선예술소에서 촬영되어 전쟁으로 지쳐있던 인민들을 위로하는 기념비적 작품으로, 이 영상자료가 한국에서 여러 차례 소개된 바 있다.

1955년 6월이 되어 바르샤바에서 열린 세계청년학생축전에는 심사위원으로 참가했는데, 이때는 최승희의 제자 현정숙이 〈바라춤〉을 발표했고, 중국의 최승희무도반 출신의 조선족 무용가 최미선이 독무 〈부채춤〉으로 금상을 받기도 했다. 평양으로 돌아오자 가을에 펼칠 최승희무용생활 30주년 기념공연 준비에 몰두했다. 기념공연은 북한의 유명한 화가들이 그린 최승희의 무용화 전시도 겸하여 개최되었는데, 김일성과 외국인 축하객들의 참여로 성대하게 치러졌다.[36]

이 미술전 개최는 나중에 북한의 조선노동당으로부터 개인숭배를 의도한 최승희의 개인 영웅주의의 발로이며 사회주의 이념에 위반하는 행동이라는 강한 비판을 받게 된다.[37]

남편 안막이 문화선전성 부장에 취임한 1956년 1월 이후 최승희는 북한으로서는 기념비적 무용극 창작에 전념하였다. 그리하여 3월에 개최된 조선노동당 제3회 대회를 축하하여 평양 국립극장에서 〈맑은 하늘 아래서〉를 공연했다.

이 작품은 1949년부터 1954년에 있었던 38선 부근의 농촌과 그곳 사람들의 삶을 그린 것으로, 행복하게 살고 있는 명

숙과 동철부부가 미군과 한국군의 침략과 횡포에 대항하여 빨치산을 조직해 대항하다가 명숙이 포로가 되지만 인민군과 빨치산의 연합작전으로 구출되고 농촌은 다시 평화를 되찾아 풍년을 맞게 된다는 내용이다.

이어 6월에는 안성희의 귀국공연을 위한 무용극 〈운림과 옥련〉의 대본작성에도 힘을 쏟았다. 안성희가 안무를 맡은 무용극 〈운림과 옥련〉은 후에 〈옥련못 이야기〉(1964) 혹은 〈옥련지의 전설〉로 재구성되어 공연되었다. 채석공인 운림과 시골처녀 옥련의 사랑, 그리고 옥련을 손에 넣으려는 폭군과 관군과의 치열한 싸움을 통해 지배자와의 투쟁에서 승리하는 인민의 모습을 그려낸 신무용적 작품이다.

무용극 창작은 그 후 〈계월향〉(1961), 〈밝은 태양 아래〉(1962) 등의 역작으로 이어졌다. 〈계월향〉은 임진왜란 때 숭고한 애국심을 보여준 평양사람들의 투쟁을 형상화한 것이며, 〈밝은 태양 아래〉는 1963년에 북한에서 인민상을 수상한 작품으로, 1930년대 항일무장투쟁기부터 1956년부터 진행된 천리마 시기까지의 조선인민의 투쟁사를 표현한 작품이다.

최승희는 '진실로 위대한 작품은 우선 먼저 민족적이어야 한다.'는 벨린스키의 명제를 철저히 고수하면서 그녀가 무용생활 30여 년 동안 느껴왔던 민족무용극 창조와 발전을 위해 끊임없이 고민했다.[38] 고전발레와 조선의 춤을 어떻게 일체

화시킬 것인가? 이것이 무용극 창조로부터 시작된 화두였다. 오래전부터 품어온 화두는 곧 실현되었고, 결국 북한에서 이룬 최승희의 업적 가운데 하나로 꼽을 수 있는 대형 무용극 창조는 이후 북한의 여러 다양한 형식의 대형무대극 작품을 낳는 기본 초석으로 작용하였다.

사회주의 국가 3대 무용가로 꼽히다

1956년이 되자 최승희의 국립무용연구소는 국립무용학교로 개편되고, 최승희는 학교장으로 취임하면서 국립무용극장의 극장장까지 겸하게 되었다. 이와 함께 최승희의 지도를 받은 제자들 중심의 창작집단이 군무 〈부채춤〉을 국립무용극장에서 처음 발표했다. 이어 9월부터 다음 해 2월까지 장기간에 걸쳐 사회주의국가 순회공연에 나선 후, 다시 7월에 개최된 모스크바 세계청년학생축전에 심사위원으로 참가하였다.

세계청년학생축전 5차 대회까지는 2, 3개 종목에서 입상했을 뿐이지만, 6차 대회에서는 최승희가 지도한 〈부채춤〉, 〈북춤〉, 〈행복한 젊은이〉, 〈칼춤〉, 〈목동과 처녀〉, 〈샘물터에서〉, 〈바구니춤〉, 〈진주의 무희〉 등 19개 종목에서 입상을 함으로써 최승희무용의 우수성을 국제적으로 인정받게 되었다.[39] 이 축전에는 특별히 최승희와 〈집시춤〉으로 유명해진 안성희에 의한 '조선의 밤' 공연도 바구단고프 극장에서 있었으며, 이들의 예술적 기교와 높은 표현력은 대호평을 받았다. 이 축전 이후 최승희는 소련의 울라노바, 중국의 재애련과 함께 사회주의국가 3대 무용가로 칭해지게 되었다.

당시 동구권의 관중에게 선보인 작품은 1부는 무용극 〈맑은 하늘 아래서〉 또는 〈사도성의 이야기〉, 2부는 〈산조〉, 〈풍랑을 뚫고〉, 〈조선의 어머니〉 같은 민족적인 단막작품들, 그리고 3부는 안성희의 독무를 중심으로 하는 '안성희무용공연'으로 구성되었다. 이 공연에 대한 논평들이 외국의 여러 보도기관을 통해 발표되었는데 한결같이 "무용극의 음악, 무용술, 무대 장치 등에 대하여 높은 평가를 주었다.", "조선의 무용단이 왔을 때처럼 그렇게 열광적인 박수를 받은 단체는 보지 못했다."는 등의 찬사를 보냈다.[40]

평양으로 돌아온 최승희는 8월 27일 최고인민회의대의원에 당선되지만, 9월에 곧바로 조선예술단을 인솔하여 다시 소련, 불가리아, 알바니아, 체코슬로바키아의 32개 도시를 순회하면서 공연을 펼치고 돌아온다. 12월이 되어 동방무용콩쿨과 민족무용콩쿨의 심사위원, 조국전선중앙위원이라는 직함을 갖고 활동하면서 1957년도를 큰 사건이나 이변 없이 보냈다.

6 북한 무용예술을
확립하다

무용의 이론적 기틀 마련

최승희는 무용활동 30년을 넘기고, 국제적으로도 충분히 인정을 받자, 그간의 무용 성과를 정리할 필요를 느꼈다. 이에 따라 1958년 1월에 자신의 무용극작품을 묶은 『무용극 대본집』을 출간하였다. 1만 권이 제작되었는데, 당시로써는 파격적인 부수였다. 대본집에는 〈반야월성곡〉(3막 4장), 〈사도성의 이야기〉(5막 6장), 〈맑은 하늘 아래〉(4막 9장), 〈운림과 옥란〉(4막 8장)이 실려있으며, 조선예술출판사가 발행했다. 이어 3월 15일에는 30여 년의 춤 경험을 바탕으로 연구하여 정리한 『조선민족무용기본』을 출판했는데, 북한 정부가 관할하고 노동당이 지도한 출판물이었다.

그런데 북한무용의 기본이 되는 『조선민족무용기본』의 출간 이후 '연안파' 숙청이라는 정치적 소용돌이 속에서 남편 안막이 '반당 반혁명분자'로 몰리어 8월에 체포되었다. 그리고 9월에 최승희는 조선노동당 각도선전부장회의에서 격렬한 비판의 대상이 되어 연금 제제조치와 자기비판을 강요당했다. 하지만 모든 활동이 제약을 받은 것은 아니었다. 왜냐하면 9월 3일 『조선민족무용기본Ⅱ』의 출간에 이어 얼마 후 다시 『조선민족무용기본Ⅲ』이 출간되었기 때문이다.

또한 북한의 공화국창건 10주년을 기념하여 9월 8일에 3,000명이 출연하는 음악무용서사시 〈영광스런 우리 조국〉이 무대에 올랐는데, 바로 최승희와 창작집단이 지도한 작품이었다. 만일 최승희가 엄중한 처벌을 받았다면, 출판이라든가 창작작품은 무대에 올릴 수 없었을 것이다.

조선무용의 이론체계 확립을 위한 최승희의 노력은 1962년에 이르러 무용영화 『최승희류 조선무용』을 조선과학영화촬영소에서 제작하여 배포하는 것으로 또 하나의 무용사를 쓰게 된다. 무용기본무보집인 『조선민족무용기본』은 "춤 전문가와 신세대, 그리고 무용발전을 위한 연구에도 구체적인 토대와 계기를 제공하는 교과서이자 무용예술을 근로대중의 것이 되게 하는 실질적인 무기역할"[41]을 한 것으로 평가되었는데, 이를 영화화함으로써 해외에 있는 디아스포라의 무용문화 발전에 획기적인 역할을 하는 영상자료로 기능하게 되

무용영화 「최승희류 조선무용」

었다.[42]

1963년에는 성인의 춤을 모방하는 문제에 대한 대안으로 아동의 정서적, 신체적 특성을 고려한 『조선아동무용기본』을 출판했다. 이 교본 또한 북한 아동무용의 발전을 위해 전국에 보급되었다.

최승희는 무용의 이론적 체계화 작업을 예술잡지나 신문에 논문이나 평론을 발표하면서도 진행하였다. 1966년에 『문학신문』에 발표한 논문 「조선무용동작과 기법의 우수성 및 민족적 특성」을 비롯해 『조선예술』에 평론으로 실린 「무용소품의 사상예술적 깊이를 위해」, 「인민의 애국투쟁을 반영한 우리나라의 무용예술」 등이 있다.

그녀는 조선무용의 우수성을 피력하면서 시대에 맞게 발전시켜 나가야 하는 것이 예술적 과제라고 주장했고, 춤의 예

술성을 높이기 위해 창작할 때 유의할 점을 지적하면서 그 해
결방안을 제시하였으며, 역사적으로 조선무용에 담긴 사상
과 전통을 계승해야 함을 강조하기도 했다. 최승희의 '춤 이
론'에 대한 이러한 주장들은 이후 북한에서 발행된 춤이론과
창작원칙의 토대로 작용하였고, 그녀가 출간한 저서들은 지
금도 북한에서 조선무용 동작의 교본이자 무용수련 지침서
가 되고 있다.

딸 안성희

최승희의 재능을 물려받
은 딸 안성희가 북한을 대
표하는 무용가로 성장하는
데는 최승희와 안막의 영향
을 무시할 수 없다. 어려서

최승희와 안성희

부터 뛰어난 춤실력으로 중국에서도 인정받고 있던 안성희
는 1947년 체코슬로바키아 프라하에서 있던 세계청년학생축
전을 시작으로 1949년 부다페스트 개최의 축전, 1951년 동베
를린 개최의 축전에 매번 참가하여 많은 상을 휩쓸었다. 뿐
만 아니라 한국전쟁 기간에는 문화선전선동대의 한 사람으
로 조선인민군위문공연에 나섰다가, 1953년 3월부터 1956

년 6월까지 모스크바예술대학 안무과에 유학한 후, 소련과 중국 등지에서 뛰어난 무용수 겸 안무가로 활동하였다.

안성희

민족무용뿐 아니라 현대무용에도 뛰어났던 안성희는 1956년 2월에 열린 모스크바 세계청년무용콩쿨에서 〈집시춤〉으로 1위를 차지하여 훌륭한 성격무용가로도 이름을 떨친 후, 6월에는 모란봉 국립극장에서 귀국공연을 가졌다. 그녀의 춤은 관중은 물론이고 김일성에게도 큰 감동을 주어 그가 직접 무대 위로 올라가 꽃다발을 증정하는 전대미문의 사건이 발생했었다.

당시 북한의 보도기관은 "안성희는 우리에게 크나큰 기쁨을 주는 신뢰할 수 있는 무용가로 자랐다. 인민배우 최승희의 딸이라는 좋은 환경에서 자랐다고 하지만 그녀의 뛰어난 소질과 예술에 대한 열정, 그리고 스스로의 노력에 의해 지금과 같은 무용가가 되어 높은 평가를 받고 있는 것이다"라고 보도했다.[43]

안성희의 작품으로는 최승희 안무작인 〈진주의 무희〉, 〈환희〉, 〈검무〉, 〈쟁강춤〉, 〈무녀춤〉, 〈장검무〉가 유명하고, 안성희가 안무한 무용극 〈운림과 옥련〉과 〈유격대의 딸〉, 〈당의 딸〉 등을 꼽을 수 있다. 특히 〈장검무〉는 〈조국을 지키는 여인〉이란 제목으로도 추어졌는데, 1951년 체코슬로바키아 프라하의 스메타나 극장에서 이 춤을 췄을 때는 너무나 흥분한 젊은 남녀청중들이 생화를 던져 무대가 가리어질 정도였다고 한다.[44]

또한 장막무용극 〈운림과 옥련〉(1958)은 최승희가 대본을 쓴 작품으로, 1964년에는 〈옥련못 이야기〉로 새롭게 발표되기도 했으며, 높은 완성도를 보여준 동양풍 무용극이라는 호평을 받았다. 안성희 역시 조선민주주의인민공화국 공훈배우 칭호와 인민배우칭호를 받았다.

그러나 안막의 숙청 이후, 최승희를 공개적으로 비판하면서 현실의 문제를 혁명적 창작태도로 직시하지 못하는 것에 대한 자기비판적 심정을 글로 발표한 후,[45] 1967년까지는 최승희와 함께 다양한 형식의 무용작품 창작에 힘을 쏟는다.

최승희의 북한 제자들

1958년 창작된 〈영광스런 우리 조국〉은 창작집단이 안무한 것으로, 최승희는 안막이 사망한 것으로 알려진 1959년을 전후해 창작집단과 함께 혁명무용극 창작에 노력하였다. 창작집단은 최승희 무용연구소나 국립무용학교에서 무용가 또는 무용안무가가 되기 위한 지도를 받은 제자들 가운데 자질이 뛰어난 제자들을 모아 꾸린 선택받은 집단으로 작품창작에 적극적으로 참여하거나 각 지방에 파견을 나가 지역의 무용집단을 지도하는 활동을 펼쳤다.

최승희의 실각 이후 북한의 중앙예술기관에서 활동하는 제자들을 열거하자면 수를 헤아릴 수 없을 정도로 많다.[46] 이들은 주로 최승희의 작품을 계승하거나 재구성한 것들, 지역민의 생활상을 반영한 작품, 그리고 현대적으로 현실생활을 표현한 혁명무용극 등을 창작하였으며, 지금도 최승희춤의 계보를 잇는 작품활동에 매진하고 있다.

최승희의 지도로 창작집단은 〈영광스런 우리 조국〉을 발표한 후 민족무용극 〈붉은 심장〉(1959), 혁명무용극 〈붉은 서광〉(1960)과 〈동이 틀 때〉(1960) 등을 발표했지만 이렇다 할 성과를 내놓지는 못한 듯하다. 만일 성공작이었다면 북한의 잡지와 신문에서 대서특필했을 것이기 때문이다. 아마도 그동안 민족무용극 창작에 치중했었기 때문에 혁명무용극 작품은 완성도가 떨어졌을 수도 있다. 또한 1959년은 최승희와 안성희가 공개적으로 비판을 받으면서, 12월 이후로는 모든 직위를 박탈당하고 명목상의 직책인 북송교포 영접위원을 맡게 되는 때이므로, 사실상 이들과 관련된 작품은 의도적으로 배제되었을 가능성이 높기 때문에, 그 성공 진위는 알 수 없다.

소품 〈목동과 처녀〉

다만 최승희는 실각 직전까지 제자들과 함께 현대적인 민족무용작품을 창작하고, 『조선예술』 등을 통해 무용이론을 꾸준히 발표했으며, 그 결과 민족무용극, 혁명무용극, 음악무용서사시, 무용조곡, 무용소품, 민속무용, 현대무용 등 다양한 소재와 형식, 그리고 여러 규모의 작품들을 창조하고 확립하여 북한무용의 예술형식의 발판을 다져놓았음은 분명한 사실이다.

지도적 지위의 박탈에도 불구하고

사회주의 체제하에서 김일성과 조선노동당의 지원과 비호 아래 다양한 무용활동과 정치활동을 펼쳐나간 최승희는

1957년부터 그녀가 발표한 작품들이 검열을 받거나 그녀의 사상성을 문제시하는 비판이 엄중해지자 1959년부터는 사실상 뜻한 대로 활동할 수 없게 되었다.

그동안의 지도적 직무를 박탈하고 행정적인 업무에만 종사하게 하면서 허울뿐인 직책[47]을 맡았다. 그 시기를 전후해 일본과 중국 등에서 평양을 방문한 기자들을 통해 최승희에 관한 기사가 보도되었다. 최승희는 기자단과의 인터뷰에서 "최근에는 무대에 서지 않고 연출이나 후배교육에 몰두하면서 지방에도 지도하러 다니고 있다."[48]고 했다. 그녀가 무용가로서보다는 지방으로 파견 나가는 일개 무용선생이 되었음을 추측해볼 수 있는 내용이다.

이러한 비판과 직위하락이 이어졌지만 북한 무용계의 1인자로 누구라도 인정하지 않을 수 없었고, 그녀의 활동을 전면적으로 막을 수는 없었다. 1960년에 혁명무용극 〈붉은 서광〉과 〈동이 틀 때〉가 발표된 이후 계속해서 1961년 4월에 민족무용극 〈계월향〉이 발표되고, 7월에는 무용서사시 〈대동강반에서〉, 그리고 1962년에는 〈비천도〉가 발표된 것을 보면 짐작할 수 있다.

〈계월향〉은 진주기생 논개의 이야기와 비슷한 내용으로, 기녀의 몸이지만 나라를 지키고자 하는 일념으로 스스로의 목숨을 던져 적장을 죽이고 후세에 이름을 남긴 계월향의 전

설을 그리고 있다. 또한 〈대동강반에서〉는 4막 13장의 무용
서사시로, 옛날 망국의 비운 속에서 착취계급의 억압 아래 불
행과 고난을 경험한 한 노동자의 가정이 오늘의 지상낙원에
서 단란하게 보람을 느끼며 새 인생을 살아간다는 이야기를
그린 작품이다. 더욱이 1962년 12월 30일에는 최승희가 창작
한 무용극 〈밝은 태양 아래〉가 인민상을 수상하는가 하면,
『조선민족무용기본』이 영화화되었고, 1963년에는 『조선아
동무용기본』을 저술하는 등 그녀는 건재하게 활동했다.

최고의 자리에 있을 때의 태도와 사상을 문제 삼았음에도
불구하고 국가가 수여하는 상을 작품에 지정했다는 것, 그리
고 그녀의 이론적 성과물을 북한의 각 지역은 물론 재외동포
사회에까지 보급했다는 것, 이는 결국 북한체제에서 비판과
비난의 위기 속에서 활동한 최승희였지만 그녀가 북한 무용
계의 1인자였음은 조선노동당조차도 부인할 수 없었던 것이
리라.

재기를 꿈꾸다 사라지다

최승희는 1962년에 헬싱키에서 열린 제8차 세계청년학생
축전에 참가하여 무용콩쿨에서 〈아박무〉, 〈동선무〉, 〈인간
에로〉, 〈첫물이 흐른다〉, 〈부채춤〉, 〈물동이춤〉 등으로 11개

부문 중에 10개 부문에서 모두 1등상을 휩쓸었다. 그녀의 제안으로 무용콩쿨 부문에 동방고전무용종목이 신설되었지만, 제9차(1968) 때까지만 유지되었다.

안막의 숙청 이후 최승희뿐 아니라 그 일가친족 모두가 위태로운 삶을 살았는데, 딸 안성희 역시 비판의 대상이 되었다. 하지만 안성희는 명예를 회복하기 위해 〈당의 딸〉(1964)을 안무·연출하여 김일성과 조선노동당에 충성을 다하는 여성상을 무용극으로 그려내는 등 최승희와 함께 비판의 굴욕을 견디며 무용계에서 살아남기 위해 노력했다. 이뿐 아니라 1965년 4월에 김일성이 비동맹국가회의 참가를 위해 인도네시아를 방문했을 때 조선예술단의 일원으로 동행하여 〈조선의 어머니〉를 공연해 뜨거운 갈채를 받았다. 무용가로서의 비범한 재능을 다시 한 번 증명한 것이다.[49]

이즈음 최승희도 조선무용가동맹위원회 위원장에 피선되지만 이후 이렇다 할 성과를 내놓지 못했다. 하지만 재기의 꿈을 키우며 『조선예술』에 조선무용의 기술적 연마를 위한 방도에 관한 글[50]이나 작품구성에 관한 연출노트[51], 그리고 김일성의 지도에 따라 발전하고 위대해진 무용예술에 관한 글[52], 무용소품에서 사상성을 갖추기 위한 방안을 모색한 글[53] 등을 게재했다. 이 글들은 마치 김일성을 유일한 숭배대상으로 작품에서 다루지 않거나 혁명적이지 못한 사상성을 드러내고 있다고 비판받아 온 최승희의 자기비판적 성찰의 보고서인 것처럼 발표되었다.

한편 일본에서는 『문학신문』에 조선무용의 우수성과 민족적 특성에 관한 논문이 발표된 직후 최승희를 초청하기 위한 문화인들의 움직임이 다시 일어났다. 1950년대에는 조일국교가 체결되지 않은 시기였기에 몇 차례 최승희를 초청하려던 시도가 물거품이 되었지만, 1966년도에는 초청위원회가 조직되어 특별허가를 받기 위한 서명을 통해 반드시 초청공연을 성사시키겠다는 의지를 밝히기도 했다. 이런 조짐이 본격화되어 가던 시점의 1967년 11월 8일, 일본의 각 신문사는 '최근 북한에서 반김일성파의 숙청이 진행되고 있으며, 무용가 최승희일가는 공민권을 박탈당하고 투옥되었다' [54]는 기사를 대대적으로 보도했다.

최승희가 투옥된 이유는 김일성을 절대화하는 창작무용 활동에서 적극적인 태도를 보이지 않았기 때문에 김정일에 의해 '문화예술부문의 불순분자'로 지명되었다는 것이다. [55] 이후 "1969년경 모든 공직에서 해임당하고 지방으로 추방된 그녀는 양강도 풍산군에서 후배양성을 하다가 1975년 간암으로 비극적 최후를 맞이하였다" [56]고도 하고 "중국으로 넘어가다 잡혔다" [57]는 말도 전해지고 있으나, 공식적으로는 1969년 8월 8일에 사망한 것으로 북한은 발표했다.

물론 1967년 숙청 이후의 행적과 사망 원인은 발표되지 않았기 때문에 이 보도를 그대로 믿을 수는 없지만 분명한 것은 숙청 이후 세계를 순회하고 동양발레, 코리안 발레를 완성한 무용가 최승희는 더 이상 볼 수 없게 되었다는 것이다. 만일 북한에서 최승희가 죽지 않고 살아서 계속 활동했다면, 그리고 월북하지 않고 한국에 남아 활동을 계속 이어갔다면, 남북한 무용사는 전혀 다른 역사로 꾸며졌을 것이다. 그만큼 최승희란 무용가는 한반도의 역사를 통틀어 전무후무한 위대한 예술가였던 것이다.

최승희는 일제 강점기와 조국의 남북 분단, 그리고 한국전쟁이라는 민족의 비극 속에 있었고, 북한에서는 이데올로기와 정치의 격랑 속에서 예술가로 살았지만, 그녀의 춤과 정신은 역사적 소용돌이를 헤치고 면면이 남아 오늘날 남한과 북한은 물론 재외동포와 그녀를 아는 세계의 많은 문화예술인들의 가슴에 살아 숨 쉬고 있다. 뿐만 아니라 그녀의 제자의 제자들에 의해 최승희 춤은 지금도 남한과 북한의 무용문화의 한 흐름으로 당당히 계승되고 있다.

최승희 연보

1911년	서울 수운동에서 출생
1925년	숙명여학교 졸업
1926년 3월 20일	이시이 바쿠 경성공연 관람
3월 22일	1차 도일
6월 22일	방락좌에서 데뷔
1927년 10월 26일	이시이 바쿠 경성공연에서 〈세레나데〉로 조선에서 데뷔
1928년 11월 6일	이시이 바쿠 경성공연에 출연
1929년 8월 25일	귀국
11월	무용연구소 설립
1930년 2월 1~2일	1회 무용발표회
1931년 1월 11~13일	2회 신춘무용발표회
2월 9일	3회 신작무용발표회
5월 10일	안막과 결혼
9월 1일	4회 신작무용발표회
1932년 4월 28일	5회 신작발표회
5월	딸 안성희 출산
1933년 3월	2차 도일
5월 20일	여류무용대회 참가 〈에헤야 노아라〉 발표
1934년 9월 20일	1회 무용발표회(일본 청년관)
1935년 10월 22일	2회 신작발표회(일본 히비야)
1936년 3월 1일	무용영화 〈반도의 무희〉 개봉
9월 22~24일	3회 무용발표회(일본 히비야)
10월	『나의 자서전』 간행
1937년 1월 2~8일	교토공연(다카라스카 극장)
3월 29일	숙명여자전문학교 설립기금 모금자선공연 (경성 부민관)

4월	도미고별공연(사리원, 연언, 개성, 수원)
12월	도미고별공연(히비야)
1938년 2월 2일	LA 이벨 극장 공연
2월 20일	뉴욕공연(길드 극장)
1939년 1~10월	유럽 각지 순회공연(15개 지역)
4월	'2회 국제무용대회' 심사위원 참가(브뤼셀)
1940년 1~9월	북미, 남미 순회공연(11개 지역)
12월	귀일
1941년 2월 22~25일	귀일무용공연(가부키좌)
4월	조선귀국 순회공연
1942년 2월	조선군사보급회 주최 조선순회공연
6월	만주 공연, 전선위문공연
12월 6~20일	독무 장기공연(제국극장)
1943년 8월 8일	최승희 무용감상회(제국극장)
9~10월	만주, 난징, 상해, 북경에서 일반공연과 위문공연
1944년 1월 27일~2월 15일	예술무용감상회(제국극장)
6월	중국에 '동방무용연구소' 개설
1946년 봄	아들 안병건 출산
5월 29일	귀국
7월 20일	남편 안막, 친지들과 인천항을 통해 월북
9월 7일	평양에 '최승희무용연구소' 개소. 남편 안막은 문예총부위원장
1947년 5월	최승희 무용발표회(신의주)
7월 25일	제1회 세계청년학생축전 참가(프라하)
8월 14~15일	북조선문화예술축전참가
1948년 4월	남북연석회의 축하공연(모란봉극장)
8월 15일	8.15 축전 기념공연(모란봉극장)
1949년 8월	제2회 세계청년학생축전 참가(부다페스트)

4월 7일	첫 민족무용극 〈반야월성곡〉 발표
12월	북경, 상해, 천진, 남경 공연/ 함경도지방 순회공연(함흥, 흥남, 청진)
1950년 6월 7일~	방소예술단 공연(모스크바, 레닌그라드, 우크라이나, 노보스베르스크, 스펠도롭스크)
8월	모란봉극장에서 공연
1951년 3월 17일	중국중앙희극원 '최승희무도반' 개소
5월 17~7월	최승희무도반 공연(학교전용극장 소진창, 북경 청년예술회관, 장안극장)
8월	제3회 세계청년학생축전 참가(동베를린): '세계평화상' 수상
8월 25~11월 30일	동유럽 순회공연(소련, 독일, 불가리아, 체코, 루마니아 등)
1952년	상해, 남경, 광주 등에서 공연.
11월	북경 출발. 조선인민군 위문공연
1953년	무용가동맹위원장에 취임하고 최승희무용연구소는 국립무용연구소로 승격
7월	제4차 세계청년학생축전 참가(루마니아)
1954년 3월	무용극 〈사도성의 이야기〉 공연(모란봉 지하극장)
1955년 6월 4일	제5차 세계청년학생축전에 심사위원으로 참가(바르샤바)
가을	최승희 무용생활 30주년 기념공연 및 최승희 무용미술 전람회 개최
11월	중국인민지원국 조선전쟁 참전 기념 예술제에 참가(중국)
1956년 3월	무용극 〈맑은 하늘 아래서〉 공연(평양 국립극장)
	무용극 〈사도성의 이야기〉 영화화

9월 20일 ~1957년 2월	소련/동구 여러 개국 순회공연(불가리아, 루마니아, 소련 등)
10월 4일	민족무용극 〈광명〉 발표
1957년 7월 28일 ~8월 12일	제6차 세계청년학생축전에 심사위원으로 참가(모스크바). '조선의 밤'에 안성희와 출 연(바구단고프 극장)
9월	조선예술단을 이끌고 동유럽 32개 도시 순 회공연.
1958년 1월	『최승희무용극 대본집』 출판
3월 15일	『조선민족무용기본 I 』 출판
4월 18일	민족무용극 〈옥련못의 전설〉 공연
9월 30일	『조선민족무용기본 II』 출판
1959년 3월 13일	민족무용극 〈붉은 심장〉 공연
7월	제7차 세계청년학생축전 참가(빈)
1960년 8월 14일	무용극 〈붉은 서광〉 공연
8월 29일	무용극 〈동이 틀 때〉 공연
1961년 4월 16일	무용극 〈계월향〉 발표
7월	무용서사시 〈대동강반에서〉 공연
1962년	『조선민족무용기본』 영화화 〈비천도〉(최승희 창작, 안문철 작곡) 발표
7월	제8차 세계청년학생축전 참가(헬싱키)
1963년	『조선아동무용기본』 저술
1967년 6월	최승희 숙청(『조일신문』 11월 7일자에 보도)
1969년 8월 8일	최승희 사망(『조선중앙TV』 2003년 2월 9일 발표) * 조카이자 시인인 최로사는 최승희가 1975 년에 간암으로 병사했다고 증언

작품연보

최승희 작품의 장르는 시기별로 다르다. 신무용은 〈에헤야 노아라〉 이후 한국전통춤을 서양춤의 기법으로 안무한 작품이다. 서양무용은 이시이 바쿠에게 모던댄스를 배우며 배웠던 서양의 다양한 춤들이다. 동양무용은 최승희가 동양발레를 꿈꾸며 일본, 중국 등 아시아 국가의 춤을 안무한 춤들이다. 현대무용은 월북 이후 북한의 사회현실을 소재로 현대적 양식으로 표현한 춤들이다. 따라서 신무용, 서양무용, 동양무용, 현대무용으로 구분하였다.

1930
신무용 – 농촌소녀의 춤, 정토의 무희, 장춘불로지곡, 선녀춤, 영산무
서양무용 – 금혼식의 무도, 인도인의 비애, 양기의 용자 그라나다, 장군 라반, 스페인무용, 적막한 월츠, 애수의 여인, 운명을 탄식하는 사람, 밤이 밝기 전, 마즈루카, 오! 야야, 사랑의 춤, 해방을 구하는 사람들 모던풍경, 그들은 태양을 구한다, 방랑인의 설움, 가극 파우스트 중에서, 이집트 풍경, 인도인의 연가, 집시의 무리, 이 병정 못났다, 달밤에 희롱, 오리엔탈

1931
신무용 – 향토무용
서양무용 – 그들의 로맨스, 세계의 노래, 자유인의 춤, 토인의 애사, 미래는 청년의 것이다, 생, 약동, 유랑인의 노래, 영혼의 절규, 고난의 길, 이국의 밤, 폭풍우, 어린 용사, 십자가, 건설자, 하와이의 세레나데, 인조인가, 광상곡, 남양의 정경, 그들의 행진, 서반아소녀의 무용, 비가, 고향을 그리워하는 무리, 철창에서, 엘레지의 독무, 습작

1932
신무용
서양무용 – 봄, 수도원, 흙을 그리워하는 무리들, 응원곡, 겁내지 말자,

어린 동무, 수녀정복, 두세계, 자장가, 말세이유, 흑인의 애환, 인도의 여명, 우리들의 로맨스, 유랑인의 춤, 향수, 비창조, 신여성선

1933
신무용 – 에헤야 노아라
서양무용 – 에레지

1934
신무용 – 마을의 풍작, 풍연이 오면, 승무, 검무
서양무용 – 거친 들판을 가다, 폐허의 흔적, 단념, 습작A, 습작B, 위기의 세계, 바르다의 여자, 희망을 안고, 생명의 춤, 로맨스 전망

1935
신무용 – 조선풍의 듀엣, 세 가지의 코리안 멜로디:영산무, 진양조 민요조, 왕의 춤, 가면의 춤, 승무(개작)
서양무용 – 무화, 리릭크 포엠(서정시), 어린이의 세계, 적과 흑, 청춘, 마음의 흐름, 습작3, 습작4, 길을 잃은 사람, 생찬, 금반지
동양무용 – 대도예인, 오보로요노 곡

1936
신무용 – 마을의 군무, 아리랑 이야기, 무녀춤, 코리안뎃드, 신라의 벽화에서, 가면에 의한 트리오
서양무용 – 북춤, 멜랑코리 애튜드, 시곡, 방해받지 않는 세레나데, 무언가, 유혹의 춤, 세계의 멜로디: 샴풍의 춤, 지나풍의 춤, 재즈풍의 춤, 촌색시와 기차
동양무용 – 일본의 환상

1937
신무용 – 신라궁녀의 춤, 초립동, 고구려수인, 천하대장군, 방아타령, 금강산쌍곡:보살도, 천녀의 무, 세 개의 전통적 리듬, 아리랑 선율,

두 개의 속무, 즉흥무, 신로심불로, 아리랑에 기함, 코리안댄스, 신
랑의 춤, 봉산탈춤, 낙랑의 벽화에서

서양무용 − 선구자, 재즈풍의 멜로디, 위력의 길, 왈츠 피루엣, 인형은
춤춘다, 습작 5, 전장

동양무용 − 옥저곡, 보현보살, 오리엔탈리즘, 염양춘

1938

신무용 − 신혼여행, 도승의 유혹, 상별곡, 조선의 표박자, 고구려의 전
무, 고려대장, 농가의 처녀, 관상가, 조선무희, 새신랑, 반도와 방랑자

1939

신무용 − 옥중춘향, 부처의 기도, 시골소년의 춤, 기생춤, 고구려프레
스코, 가을걷이춤, 조선의 사당패, 춘향전, 한량, 서울무녀, 민속장
단, 백학, 꼬마신랑

서양무용 − 고대의 춤, 비치피리의 멜로디

동양무용 − 불교의 요부, 용왕의 희생, 동양의 리듬

1941

신무용 − 화랑의 춤, 가면무, 명절놀이, 궁중무

서양무용 − 희열

동양무용 − 옥묘조(玉苗調), 보살도: 가무보살, 보현보살, 관음보살, 칠
석의 밤, 당궁의 무회, 동양적 선율, 신전의 춤, 무혼, 장수의 형식

1942

신무용 − 산조, 장고춤, 춘향애사, 부벽루의 무회, 시녀의 자식, 화립
(花笠)의 춤, 백제궁녀의 춤, 북의 리듬, 장한가, 석왕사의 아침

동양무용 − 옥루의 꿈, 명비곡, 봄노래, 향비, 두 가지의 비파곡, 애원
곡, 상사곡, 양귀비염무지도, 인도의 춤, 보살화신, 추심, 동양적 리
듬, 하녀의 춤

1943

신무용 - 석굴암의 벽화에서

동양무용 - 아미타여래내령지도, 가부키보살, 산제물

1944

신무용 - 석굴암 벽화

동양무용 - 연보, 정아이야기, 패왕별희, 월궁행, 정고전, 만궁추월, 길
상천녀, 묘정, 로생, 자금성의 옥불, 기원, 무장, 아잔타벽화, 궁정
애사, 선무, 동양적 리듬, 공양하는 청녀, 고전형식에 의한 세 개의
변형, 마호매단의 숙녀와 하녀

1946

현대무용 - 김일성장군에게 바치는 헌무

1947

신무용 - 비내리는 밤, 경복궁타령, 농촌풍경, 지장보살, 천하대장군

1948

신무용 - 해방의 노래

1949

신무용 - 반야월성곡, 남방무용, 노사공, 북춤, 화관무, 농악무, 석굴암
보살, 처녀와 청년, 양산도, 춘양전, 꼭두각시, 봄처녀

동양무용 - 우크라이나춤

1950

신무용 - 마을 축제, 허수아비, 해방된 고향, 너는 북으로 나는 남으로,
목동과 처녀, 봄노래, 추석전날, 부채춤, 화변악, 장검무

동양무용 - 중국무용

1951

신무용 - 조국을 지키는 여자, 어머니, 승풍파란, 수건춤, 굿거리춤, 옹
혜야, 무지개춤, 동심

동양무용 - 쌍검무, 석굴암조각, 중국인민대단결만세, 행당, 청의, 화
단, 무생, 중국검무, 양걸춤, 소생, 환경승리, 당마

1952

신무용 - 아름다운 나의 향토, 조선의 어머니, 평화의 노래

현대무용 - 유격대, 전선의 밤, 여성빨치산, 조국의 깃발, 후방의 아침,
조선의 기사들, 여인들아! 노예의 족쇄를 짓부수자, 참패한 천하장
군, 기병

동양무용 - 백담기

1953

신무용 - 행복한 젊은이

현대무용 - 승리의 노래

1954

신무용 - 사도성의 이야기

1956

신무용 - 샘물터에서, 폭풍우를 뚫고, 약수물, 진주의 무희, 즉흥무, 황
혼, 날아오르는 선녀, 운림과 옥란, 부채춤(군무)

현대무용 - 맑은 하늘 아래서, 광명

1958

신무용 - 옥련못의 전설

현대무용 - 쇠물은 흐른다, 천리마, 영광스러운 우리 조국(창작집단)

1959

신무용 - 시절의 노래

현대무용 — 붉은 심장, 붉은 깃발,

1960
신무용 — 분배받은 기쁨
현대무용 — 붉은 서광, 동이 틀 때

1961
신무용 — 계월향, 대동강반에서
현대무용 — 밝은 태양 아래, 불멸의 노래, 꽃피는 청산리

1962
신무용 — 비천도
현대무용 — 고난의 행군, 유격대의 딸

1964
신무용 — 옥련못 이야기

연대미상의 작품
신무용 — 바다가 좋아, 들꽃, 환희, 향발무, 쟁강춤, 방울춤, 파계승무,
　　　벽화와 무희, 도라지, 물동이춤, 해녀와 어부, 어부의 노래, 연꽃이
　　　필 때, 삼인무, 검무, 무녀춤(군무), 두레놀이북춤, 월야곡, 사랑가,
　　　산조, 조옥희, 장사춤, 화동무, 장단과 춤, 춤가락, 손북과 상모, 바
　　　라춤, 탈춤, 우선무.
현대무용 — 애국열사에게 바치는 헌무, 중화민국, 연해주의 밤, 지상
　　　낙원, 항쟁의 거리, 빨치산의 춤, 고지의 상봉, 출진무,
아동무용(신무용) — 부채춤, 첫 눈 오는 아침에, 고기잡이
아동무용(현대) — 나라꽃·나라의 보배, 양키, 부서지다, 보고 싶은 수
　　　령님, 당신도 나도 예쁘게, 산책가는 날, 노래하는 5·1절, 어린이
　　　무곡, 자유가, 혁명가, 토끼 키우기, 천리마 타기, 혁명을 위해, 회
　　　상기 읽기, 회상기읽기, 곤충잡기

저서 및 논문

『조선민족무용기본』(조선예술출판사, 1958)

『무용극대본집』(조선예술출판사, 1958)

『조선아동무용기본』(조선문학예술총동맹출판사, 1963)

「내가 본 바」(『노동신문』 1951.12.9.(3))

「위대한 쏘련 예술을 진지하게 배우자」(『노동신문』 1954.6.12.(3))

「형제나라들의 방문공연」(『조선예술』 3월호, 문학예술종합출판사, 1957)

「세계에 자랑 떨친 우리의 무용예술」(『조선예술』 10월호, 문학예술종합출판사, 1957)

「지상락원에 대한 무용서사시 〈대동강반에서〉를 창작하면서」(『조선예술』 7월호, 문학예술종합출판사, 1961)

「무용창작가들에게 하고 싶은말―아동무용에 대하여」(『조선예술』 6월호, 문학예술종합출판사, 1962)

「예술적 기량과 예술적 련마」(『조선예술』 3월호, 문학예술종합출판사, 1964)

「독무 〈풍랑을 뚫고〉에 대하여」(『조선예술』 7월호, 문학예술종합출판사, 1965)

「로동당 시대에 찬란히 꽃핀 무용예술」(『조선예술』 10월호, 문학예술종합출판사, 1965)

「조선무용동작과 그 기법의 우수성 및 민족적 특성」(『문학신문』, 1966.3.23, 3.5, 3.29, 4.1)

「무용소품의 사상예술적 높이를 위해」(『조선예술』 9월호, 문학예술종합출판사, 1966)

「인민의 애국투쟁을 반영한 우리나라 무용예술」(『조선예술』 11월호, 문학예술종합출판사, 1966)

미주

1) 최승일, 『나의 자서전』, 이문당, 1937, 21p.

2) 데라다 스미오(寺田壽夫), 「무희 최승희론」, 『조선행정』 1-4호, 1937년 4월호. 220p.

3) 데니숀(Denishawn) 무용단은 세인트 데니스와 테드 쇼운이 1915년에 만든 무용단이다. 이들은 달크로즈의 율동 체조와 델사르트의 수련법을 활용하였고, 다양한 문화권에서 영감을 끌어들였고 데니쇼운학교를 열었다. 1916년 캘리포니아에서 열린 '이집트, 그리스, 인도의 춤판'에 참가했다.(김채현, 『서양춤예술의 역사』, 이론과 실천, 1990, 97~98면 참조)

4) 김영희, 「한국 근대춤의 이국 취향에 관한 연구」, 『대중예술과 문화콘텐츠』, 도서출판 상, 2010.

5) 조택원, 『가사호접』, 서문당, 1973. 43p 참조.

6) 『조선일보』 1930. 10. 17

7) 『매일신보』 1931. 2. 26

8) 1931년 8월부터 10월까지 한위건, 양명 등에 의한 조선공산당협의회 사건과 연루된 사건으로 도쿄에서 발행된 「무산자(無産者)」의 국내 유포와 영화 〈지하촌(地下村)〉 사건으로 70여 명이 검거되고 11명의 카프 동맹원이 체포된 사건이다.

9) 2회 신작무용발표회 팸플릿 중에서

10) 1부에서 〈왕의 춤〉, 〈서정시〉, 〈어린이의 세계〉, 〈길을 잃은 사람〉, 〈적과 흑〉, 〈조선풍의 듀엣〉, 2부에서 〈무우화〉, 〈가면의 춤〉, 〈습작〉, 〈승무〉, 〈청춘〉, 3부에서 〈희생〉, 〈세가지 코리안 멜로디—영산조 진양조 민요조〉, 〈금반지〉, 〈유랑예인〉, 〈마음의 흐름〉을 추었다.

11) 테라다 히사오(寺田壽夫), 「무희 최승희론」 『조선행정』 1-4호 1937년 4월호, pp. 216~217.

12) 오병년, 「서양무용에서 기교 섭취한 방순균정한 최승희」, 『동아일보』 1937년 9월 9일자.

13) 흑진주, 「무용 연주의 무대 이면」, 『조광』 1937년 5월호.

14) 최승희 파리공연 팸플릿 중에서(1939. 1)

15) 암스텔담 『텔레그라프』 1939년 4월 13일

16) 「최승희 동양무용의 세계화 주장」, 『아사히신문』 1941년 12월 4일자.

17) 「돌아온 최승희 - 춤의 세계일주담」, 『한국예술총집』, 대한민국예술원, 1990. 550쪽.

18) 곤도 효다로(近藤孝太郎), 『요미우리신문』 1941년 12월 3일자

19) 다가시마 유사부로, 「근대가인전 3 최승희」, 정병호, 『춤추는 최승희』, 210쪽 참조.

20) 정병호, 『춤추는 최승희』, 215쪽 참조.

21) 다가시마 유사부로, 『최승희』, 무꾸게샤, 1981. 정병호, 『춤추는 최승희』, 228쪽 재인용.

22) 북경대한 조선문화연구소, 「중국 조선문화사대계 3 - 예술사」, 중국민족출판사, 1994. 268쪽.(정병호, 『춤추는 최승희』, 246쪽 재인용.)

23) 안제승·안병헌, 「맹아기의 신무용 고찰」, 『제8회 대한무용학회자료집』, 1993, 92p

24) 안제승과 김백봉, 김시학, 이원조 등 13명이 작은 어선에 몸을 실어 남포항으로 향했다.

25) 김채원, 『최승희춤 - 계승과 변용』, 민속원, 2008, 131-132쪽.

26) 서만일, 「최승희의 예술과 활동6」, 『조선예술』 3월호, 문학예술종합출판사, 8쪽.

27) 최봉석, 『중국 조선민족무용사』, 현대미학사, 1996, 164쪽.

28) 북경대학 조선문화연구소, 『중국조선민족문화사대계 3-예술사』, 민족출판사, 1994, 225쪽

29) 장조혜(북경중앙발레단 안무가), 최미선(동방가무단 배우), 이인순(동방가무단 안무가), 황옥순(중앙가무단 안무가)등은 중국의 무용무대에서 두각을 나타내는 활동을 벌였고, 왕연성(중국무용학원 교

수), 이정일(북경희극학원장) 등은 무용교육에 매진한 제자들이다. 또한 이녹순(연변조선족예술단 안무가), 허명월(중앙민족가무단 안무가), 박용원(연변예술대학 교수), 김예화(중앙민족대학 교수) 등은 중국 조선족 무용예술의 교육, 훈련, 창작 및 무용체계의 확립에 크게 기여한 제자들이다.(최봉석, 『중국조선민족무용사』, 현대미학사, 1996, 80쪽 참조.)

30)「北朝鮮名舞踊家、崔承喜ら を招 こ う」,『読売新聞』, 1966.12.8.일자.

31) 최성국,「연변 조선족의 어제와 오늘」,『무용예술』5,6호, 1993, 24-25쪽.

32) 최승희,「중국무용예술의 장래」,『인민일보』, 1951년 2월 28일자 기사.

33) 조선중앙통신,「조선의 예술가들 모스크바에서 대환영」,『노동신문』, 1951년 11월 2일 3면 기사.

34) 송학용,「국제무대에서 본 무용가 최승희」,『노동신문』, 1951년 12월 10일 2면 기사.

35)「半島の舞姫、崔承喜」,『毎日サンデー』, 1954년 1월 31일자.

36) 정수웅,『최승희』, 눈빛, 2004, 381쪽.

37) 김현정,『춤꾼 최승희』, 한국방송출판, 2002, 379쪽.

38) 최승희,「형제나라들의 방문공연」,『조선예술』3월호, 문학예술종합출판사, 1957, 45쪽.

39) 최승희,「세계에 자랑떨친 우리의 무용예술」,『조선예술』10월호, 1957, 52쪽.

40) 최승희,「형제나라들의 방문공연」,『조선예술』3월호, 문학예술종합출판사, 1957, 42-44쪽.

41) 김종화,「귀중한 선물」,『조선예술』7월호, 문학예술종합출판사, 1958.

42) 김채원,「북한춤의 해외전파: 일본과 중국을 중심으로」,『공연문화연구』제22집, 2011, 194쪽.

43) 김현정,『춤꾼 최승희』, 한국방송출판, 2002, 381-382쪽.

44) 송학용,「새 조선이 낳은 젊은 무희 안성희」,『노동신문』, 1951년 12

월 13일 3면 기사.

45) 안성희, 「성과와 과업」, 『조선예술』12월호, 문학예술종합출판사, 1965. 32-33쪽.

46) 창작집단 출신 가운데 대표적으로 김락영(인민예술가, 평양음악무용대학 안무연출강좌장), 김해춘(인민예술가, 평양피바다가극단 안무실장), 홍정화(인민예술가, 조선인민군협주단 안무가), 이선영(공훈예술가, 평양민족예술단 무용과장), 박순덕(공훈예술가, 평양만경대학생소년궁전 안무가), 위병택(공훈예술가, 함흥예술단 안무가), 백환영(인민예술가, 만수대예술단 안무가), 엄영춘(인민배우, 국립민족예술단 안무가)등이 있으며, 유영근(교수, 준박사), 주혜덕(공훈예술가), 정순희(공훈예술가), 김금주(공훈예술가), 강영찬(공훈예술가), 강옥채(공훈예술가), 김봉운(공훈예술가) 등의 은퇴한 무용가 및 무용이론가들이 있다.

47) 북송교포영접위원, 문학예술총동맹중앙위원 조국평화통일중앙위원, 무용가동맹중앙위원회장, 조소친선협회중앙위원 등 실질적인 권력이 없는 직책에 명해졌다. 1959년 12월로부터 1964년 조선무용동맹위원회 위원장으로 피선될 때까지의 일이다.

48) 시미즈 이치로, 「최승희와 만나다」, 『마이니치』 1960년 1월 10일자.

49) 김현정, 『춤꾼 최승희』, 한국방송출판, 2002, 415쪽.

50) 최승희, 「예술적 기량과 예술적 연마」, 『조선예술』3월호, 문학예술종합출판사, 1964년.

51) 최승희, 「독무 〈풍랑을 뚫고〉에 대하여」, 『조선예술』7월호, 문학예술종합출판사, 1965년.

52) 최승희, 「노동당시대에 찬란히 꽃핀 무용예술」, 『조선예술』10월호, 문학예술종합출판사, 1965년.

53) 최승희, 「무용소품의 사상예술적 높이를 위하여」, 『조선예술』9월호, 문학예술종합출판사, 1966년.

54) 「최승희 등 반김일성파 추방인가」, 『아사히신문』, 1967년 11월 8일자.

55) 김현정, 『춤꾼 최승희』, 한국방송출판, 2002, 423쪽.

56) 홍정자, 「월북 천재무용가 최승희의 비극적 최후」, 『말』8월호, 1995, 207쪽.

57) 정수웅, 『최승희』, 눈빛, 2004, 43쪽.

참고문헌

김영희, 「최승희 모던댄스 시론」, 『공연과 리뷰』 2009년 봄호, 현대미학 사, 2009.

_____, 「한국 근대춤의 이국 취향에 관한 연구」, 『대중예술과 문화콘텐 츠』, 도서출판 상, 2010.

김채원, 『최승희 춤 ― 계승과 변용』, 민속원, 2008.

_____, 「북한에서의 최승희 춤활동 성과와 기법적 토대」, 『대한무용학 회집』 제65호, 대한무용학회, 2010.

_____, 「북한 이데올로기와 춤의 관계」, 『우리춤연구』 제12집, 우리춤연 구소, 2010.

김현정, 『춤꾼 최승희』, 한국방송출판, 2002.

서만일, 「최승희의 예술과 활동6」, 『조선예술』 3월호, 문학예술종합출 판사.

이애순, 『최승희 무용예술연구』, 국학자료원, 2002.

이주희, 「일본의 근대무용가 이시이 바쿠(石井漠)의 조선에서의 무용활 동 고찰」, 『무용예술학연구』 42집, 한국무용예술학회, 2013.

정병호, 『춤추는 최승희』, 뿌리깊은나무, 1995.

정수웅, 『최승희』, 눈빛, 2004.

조택원, 『가사호접』, 서문당, 1973.

최봉석, 『중국 조선민족무용사』, 현대미학사, 1996.

최승일, 『나의 자서전』, 이문당, 1937.

『동아일보』

『매일신보』

『조선일보』

외국어 자료

김은한(金恩漢), 「北朝鮮の舞踊政策に関する一考察」, 『比較舞踊学会

研究』6巻1号, 比較舞踊学会, 2000.

_____, 「北朝鮮における民俗舞踊の史的記述と芸術思想」, 『人間文化研究年報』第24号, お茶の水女子大学大学院人間文化研究科, 2000.

_____, 「崔承喜舞踊基本の構造分析ー変容と継承の視点から」, 『比較舞踊学研究』8巻1号, 比較舞踊学会, 2002.

최승희(崔承喜), 「中国舞踊芸術の将来」, 『人民日報』, 1951. 2. 28.

_____, 「石井漠先生への手紙」, 지명・출판사 불명.

고야문(顧也文), 『朝鮮舞踊家、崔承喜』, 上海文娛出版社, 1951.

사회과학원 역사연구소, 『조선전사 - 년표2』, 과학백과사전종합출판사, 1991.

나카무라 아키이치(中村秋一), 「최승희론」, 『무용과 문화』, 人文閣, 동경, 1941.

테라다 스미오(寺田壽夫), 「무희 최승희론」, 『조선행정』1-4호 1937년 4월호.

페리타 인물평전 총서 001
전설의 무희, **최승희**

발행일 2014년 4월 23일
저자 김영희 · 김채원
펴낸이 이정수
기획 신현규
책임 편집 최민서 · 신지항
펴낸곳 (주)북페리타
등록 315-2013-000034호
주소 서울시 강서구 양천로 551-24 한화비즈메트로 2차 807호
대표전화 02-332-3923
팩시밀리 02-332-3928
이메일 editor@bookpelita.com
값 5,000원
ISBN 979-11-950821-1-7 (04080)
        979-11-950821-0-0 (세트)

「이 도서의 국립중앙도서관 출판시도서목록(CIP)은 서지정보유통지원시스템 홈페이지
(http://seoji.nl.go.kr)와 국가자료공동목록시스템(http://www.nl.go.kr/kolisnet)에서 이용하실 수 있
습니다.(CIP제어번호: CIP2014011728)」